U0062504

NATURKUNDEN

探索未知的世界

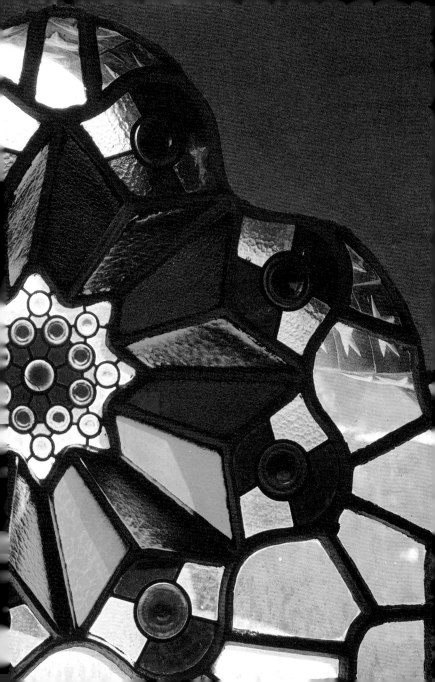

高迪

富于幻想的建筑师

［法］ 菲利普·蒂博　著

田妮娜　吉春　译

北京出版集团

北京出版社

一个叫高迪的人的思想常常涌入我的脑海。……令我想到那个狂热的内心世界，想到那些杂乱无章的幻觉，想到那平静的外表下面隐藏着神奇而又极富创造力的疯狂。我看见他穿梭于巴塞罗那的大街小巷。在这座城市里，居住着想象的精灵，四处闪烁着魔鬼窥视的目光的城市上空是兰波笔下阴暗冰冷的天空，抑或是柯勒律治诗中透着神秘恐怖感的黄昏和光怪陆离的宫殿。我猜想他在头脑中创造了一种奇异的宇宙观，创造了另一个世界。然后，我继续凝视着他，试图向传统资产阶级和进步资产阶级解释他那些近乎荒诞的作品。人们显然并不十分理解高迪，但从他身上散发出的魅力和吸引力却使他的作品广为接受。在他之后，只留下他的思想在黑暗中闪耀。

——建筑师理查德·波菲尔（Ricardo Bofill）
1970 年 12 月

目　录

安东尼·高迪·科尔奈（Antoni Gaudí i Cornet）于 1852 年 6 月 25 日出生于塔拉戈纳（Tarragone）省的雷乌斯（Reus），他的一生与另一座城市紧紧相连，这就是巴塞罗那。从 1883 年到 1926 年 6 月 7 日（这一天高迪死于一场电车车祸），建筑师高迪正是在这座加泰罗尼亚自治区的首府中完成了他几乎全部的作品，包括私宅、学校、住宅楼、公园和一座大教堂——神圣家族大教堂——高迪自 1883 年起一直为之工作，直到去世也没能完成。

第一章
一位建筑师，一座城市

右图是 1878 年前后的高迪，那时他刚完成学业并开始在巴塞罗那市的城市规划部门工作。左图是约瑟夫·维拉斯卡（Josep Vilaseca）为 1888 年在巴塞罗那举办的世界博览会所设计的凯旋门式入口。

高迪的职业生涯是与举办 1888 年世界博览会的准备工作同时开始的。这次博览会象征着巴塞罗那的繁荣和资产阶级的巨大成功。尽管 1882 年股票暴跌，尽管此后的社会一直动荡不安（1902 年全行业的大罢工引来了政府和工厂主的残酷镇压），尽管无政府主义运动连续不断 [1893 年 10 月 7 日的一次爆炸事件致使 20 人死亡，50 人受伤；到 1904 年和 1905 年，连政府总理安东尼奥·毛拉（Antonio Maura）和红衣主教卡萨纳斯（Casanas）也在暴动中遇害]，但巴塞罗那却依然经历了一个政治、经济和文化的活跃时期。在这座城市的庇护下，资产阶级借助它与美洲殖民地（1893 年他们就失去了这些殖民地）的联系，借助农业的进步和工业的发展不断聚敛财富。

1888 年 5 月 20 日，巴塞罗那世界博览会的正式开幕式由摄政王玛丽亚·克里斯汀娜（Maria Cristina）主持，停靠在巴塞罗那港的国际舰队（下图）同时拉响了 432 门礼炮。在港口接连不断举行的各种活动驳斥了当时流行的一种说法，那时人们普遍认为，巴塞罗那是根本不理会海运贸易的。

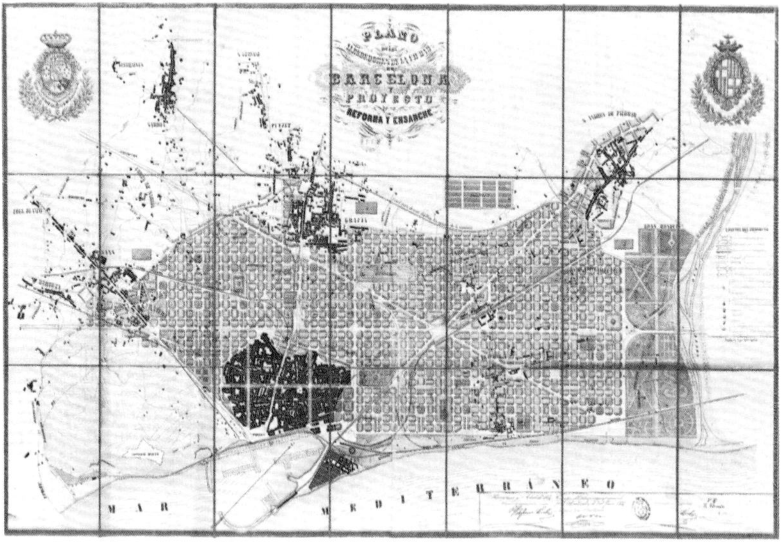

　　巴塞罗那不仅拥有地中海沿岸最重要的货物中转港，那些林立的高炉也使它毫无争议地成为西班牙的工业首都。1848 年西班牙国内开通的第一条铁路线即连通了巴塞罗那与马塔罗（Mataró），1873 年巴塞罗那建造了西班牙的首座电站。

一座不断扩张的城市

　　巴塞罗那的迅速繁荣引发了人口激增，居民人数 1878 年为 35 万人，1897 年便增长至 50.9 万人，到 1910 年已有 58.7 万人。然而人口的增加并没有让这座城市拥挤不堪，因为从 1854 年开始陆续拆除了旧的军事城墙，城市面积也随之而显著增加。按照一位叫伊尔德封·塞尔达·绪尼埃（Ildefons Cerdà i Sunier，1816—1875）的城市规划设计师的四方形扩建计划，一座全新的城市将

　　1851 年，巴塞罗那市政府向西班牙当局提出停止将巴塞罗那作为全国要塞城市的建议。8 年后，西班牙王室决定让伊尔德封·塞尔达负责设计巴塞罗那的扩建平面图。此举招来了自治区的强烈抗议，反对的声音要求巴塞罗那市政府举行设计大赛以选拔设计者。西班牙当局接受了这个要求，但大赛结果仅供参考，目的是将获奖方案与伊尔德封·塞尔达的方案进行对比。结果，大赛的获奖者仍然是伊尔德封·塞尔达。尽管如此，他的计划（上图）直到 1860 年才得到正式采用。

浮出水面，这便是扩建区（Eixample）。扩建于旧城墙之外的新城区，是严格按照方格状沿着旧城区扩展的，位于加泰罗尼亚广场（Plaça Catalunya）和一个叫格拉西亚（Gràcia）的村庄之间。然而要填满这个巨大的方格可并不容易。到19世纪70年代末，巴塞罗那仍然给人以庞大而空洞的感觉。直到80年代，为世界博览会所做的准备工作大大地刺激了城市的发展，这些空缺才逐渐被填满。

　　我们可以通过评论家约瑟夫·伊克萨尔特（Josep Yxart，1852—1895）的评论来想象当时的状况。离我们更近的是爱德华·门多萨（Eduardo Mendoza）发表于1986年的小说《奇迹之城》（La Ciudad de los prodigos）。书中，作家以宏大的气势和鲜明的色调描绘了当时的巴塞罗那城。小说讲述的是一个普通的加泰罗尼亚农民奥诺弗雷·布维拉（Onofre Bouvila）来世界博览会工地打工的经历。他一边测量土地，一边散发反动传单，起初是一个无

政府主义小贩，最后摇身一变，成了先锋派大工业家。事实上，这也是巴塞罗那城迅猛发展的象征。

加泰罗尼亚特性

　　人口膨胀和经济腾飞为知识和文化的繁荣创造了有利的环境。马德里的集权政治和卡斯蒂利亚语的霸权地位曾经阻碍了加泰罗尼亚文化的发展，现在人们要恢复文化中的加泰罗尼亚特性。尽管早在文艺复兴时期就有人提出要恢复加泰罗尼亚的语言及传统的地位，但是直到 19 世纪末，借助巴塞罗那的繁荣，这一点才得以真正实现。当时有了一个很重要的传播工具，这就是《进步》（L'Avenç）杂志。此杂志首期发行于 1881 年，由若姆·马索·托伦特（Jaume Massó i Torrents）创办，他也是试图建立加泰罗尼亚语语法体系的第

　　格拉西亚大街（左图）是两条斜穿这片广阔的方格公路网的街道之一，这些街道的宽度都在 20 米左右，是由塞尔达于 1859 年设计的。在接下来的几十年中，大笔大笔的资金被投入到扩建区中心用于建造商场、餐馆和剧院。来这儿的人们大多是受了加泰罗尼亚自然主义作家纳尔奇斯·奥列尔（Narcís Oller）的小说《黄金热》（La Febre d'or，1890—1892）的影响。

　　世界博览会工地所耗费的建材之多，我们可以从当时的一份报纸中略知一二："所有烧砖厂的砖块都供不应求，从全国各地甚至国外运来的大量水泥也已售罄。单是工业大厦一项工程，每日就要消耗 800 担水泥。"左图即为建设中的工业大厦。

世界博览会的入口是一座色彩斑斓的凯旋门，它是 19 世纪 80 年代一位非常活跃的建筑师约瑟夫·维拉斯卡职业生涯中的巅峰之作。维拉斯卡在 19 世纪的最后二十年中对巴塞罗那的艺术发展产生了重大影响。作为省立建筑学校的教师，他极大地丰富了学生们的文化知识。在他看来，建筑与艺术装饰的关系尤为重要。1883 年至 1885 年间他为一家雨伞商店设计的具有日本特色的门面成了巴塞罗那城中一道独特的风景线。1884 年他为弗朗西斯科·比达尔（Francesc Vidal）领导的细木工作坊设计的房屋成了巴塞罗那艺术装饰复兴的标志性建筑，也正是从这些作坊中生产出了高迪为古埃尔宫（Palais Güell）设计的木质家具。

一人。虽然这只是一本艺术领域的刊物，却让不少文化精英重新找到了加泰罗尼亚文化，并使他们走上了"现代主义"之路。如今，这一名词用于指代新加泰罗尼亚艺术。

加泰罗尼亚的现代主义

　　世界博览会的准备工作掀起了加泰罗尼亚现代主义的第一

个浪潮。在此风格的建筑中，临时建筑与永恒建筑并存。在今天仍然屹立于世的历史遗迹中，有两座建筑能让我们再次领略加泰罗尼亚现代主义表现在建筑上的风采，这就是约瑟夫·维拉斯卡（1848—1910）的杰作——世界博览会的凯旋门式入口和路易·多梅内奇·蒙塔内尔（Lluís Doménech i Montaner，1849—1923）设计的名为"三龙城堡"的咖啡馆，这个咖啡馆现今已成了一座动物博物馆。蒙塔内尔是国际饭店的设计师，但国际饭店在世界博览会后就

蒙塔内尔既是一名建筑师，又是一位政治家。他的作品在巴塞罗那的城市建筑史上产生了深远的影响。除了三龙城堡（上图）、桑·博医院（Hôpital Sant Pau，1902—1912）和加泰罗尼亚音乐厅外，他还设计了一些私人建筑，如莱奥·莫雷拉公寓（Casa Lleó Morera）等。

被拆掉了。如果说前者是有意在用非正统的方式来演绎凯旋门这一经典主题，那么后者再现的则是一座完美的中世纪城堡，咖啡馆的正门招牌用轧钢材料制成，透着几分现代工业的气息。这两座建筑几乎全都是用红砖建成的。红砖是一种古老而便宜的建筑材料，自19世纪60年代末以来就一直为建筑师们所青睐。这些砖块之间的缝隙极小，看起来就像是干砌而成。建材的日益标准化使得建筑物的规格越发精确，也让建造过程越来越便捷。若非建筑师有意加上一些线条

或装饰物的话，墙的表面就会呈现出浑然一体的质感。加泰罗尼亚的建筑师们熟知各种新式的建筑技巧，并不断地付诸实践。

高迪与封斯雷合作

　　高迪并未直接正式参与1888年的世界博览会，但此时的高迪已是巴塞罗那城市美化的突出贡献者了。尽管他在1877年为加泰罗尼亚广场设计的喷泉并没被采用，但他在次年巴塞罗那市设计大赛中的作品——铜石路灯——却耸立在了巴洛广场（Plaça de Palau）和1879年竣工的皇家广场（Plaça Reial）上。从此在置身现代主义浪潮的巴塞罗那城中，城市照明这一主题激发了设计师们惊人的创造力。例如，建筑师贝尔·法尔凯·于尔皮（Pere Falqués i Urpí，1850—1916）在1888年和1906年设计的城市灯饰一个比一个大胆，都大量运用了金属结构。其1888年作品的特色在于两条被活动吊杆拉住的巨大灯臂，这个构想被运用于通往维拉

高迪早期设计的作品当中有一间厕所，这是一名叫昂里克·吉罗西（Enrique Girossi）的商人请高迪设计的。吉罗西向巴塞罗那市政府申请在城市建造15个厕所并经营它们。这张设计图（上图）的命运与那些纯现代风格的灯饰——如皇家广场上的灯饰（右图）不同，最终被吉罗西否定，因此也没有付诸实施。

斯卡所设计的凯旋门的一条大道上；1906年的设计无论从形式或是技术上看都受到了高迪的影响：灯盏的金属部分不是固定在石基上，而是固定在形状优美、饰有碎瓷片的双面底座上，这一设计在格拉西亚大街上得以实现。

高迪在与建筑师约瑟夫·封斯雷·梅斯特雷斯（Josep Fontseré i Mestrès，1829—1897）的合作初期主要设计城市灯饰。由于18世纪的旧城墙被拆除，休达德拉（Ciutadella）公园需要改建，而这项工程也写进了世界博览会的计划中，封斯雷被选为总设计师。高迪在1877年至1882年之间与封斯雷一同工作，毫无疑问，高迪在设计正门、墙面装饰物以及公园正门前的锻铁灯饰方面发挥了重要作用。

正统的教育

高迪于1878年3月15日获得了他的建筑专业文凭，一年后开始与封斯雷合作。关于他的教育背景几乎没有任何记录，我们只知道他在家乡雷乌斯城亦即慈善学校派的发源地念过中学，

1869 年为学习建筑而移居巴塞罗那，但他直到 1873 年 22 岁时才被省立建筑学校录取。对于高迪这段时期的生活，也如他的生平一样，只有他的几个学生收集并记录了他的言行，他们是：何塞·拉弗尔（José F. Ràfols，《高迪》，1929 年）、塞扎尔·马蒂内尔（César Martinell，《高迪对话录》，1952 年）、胡安·贝尔格斯（Joan Bergós，《高迪》，1954 年）和伊西得罗·普伊·博阿达（Isidro Puig Boada，《高迪的思想》，1981 年）。

　　贝尔格斯的书中写到高迪在学生时代极不愿意屈从于学校那些刻板的设计练习。此外，高迪还向贝尔格斯讲述了他设计一所公墓正门的失败经历。当时高迪由于无法设想出一个脱离周围环境的公墓正门，就首先画了一条通往公墓的小径，然后添上一辆灵车和几个送葬人，最后再加上一排松柏和一片灰色密布的天空以渲染出与主体相称的气氛。然而，老师没有让他完成草图，并告诉他不能这样进行设计。年轻气盛的高迪拒绝改变他的设计方式，离开考场扬长而去。高迪还告诉贝尔格斯自己是如何通过力学考试的。一次高迪来到封斯雷家，看到他正忙于设计休达德拉公园的大型喷泉。这座喷泉的设计灵感来自于亨利·埃斯佩朗迪（Henry Espérandieu，1829—1874）所建的马赛隆尚宫（Palais Longchamp）内的同类设施，而池水调节的难题则由高迪巧妙地运用静力学计算成功地得到解决。他的力学老师胡安·托拉斯·瓜迪奥拉（Joan Torras i Guardiola）恰好是封斯雷的朋友。一天，老师偶然看到了这张草图，欣赏之余向封斯雷打听解决问题的人。考试那天，这位老师让高迪顺利通过了考试，尽管高迪对他所授的课程一无所知。

　　高迪还在一家设计公司当制图员时就早早地接触了真正的建筑设计行业及一些业内人士。在与封斯雷

1869 年，胡安·普里姆（Juan Prim）将军批准对建于 18 世纪初的城堡进行改建，市政府决定将这 60 余公顷的土地改作公园和花园。1871 年，巴塞罗那举行了国际设计大赛，约瑟夫·封斯雷·梅斯特雷斯获胜。虽然他的作品第二年就被采用，但却因为 1888 年的世界博览会而被迫做出重大修改。

合作之前，他曾为教区建筑师弗朗西斯科·德·保拉·维拉尔（Francesc de Paula del Villar，1828—1903）工作过两年。当时弗朗西斯科在埃利斯·罗让·阿玛（Elies Rogent i Amat，1821—1897）所领导的省建筑学校任教，埃利斯校长非常欣赏法国郊区的学校以及它们理性的教学方式。因此他任校长后的第一个决定就是指定欧仁·维奥莱－勒－杜克（Eugène Viollet-le-Duc，1814—1879）于1854年至1868年出版的《法国11至16世纪建筑学辞典》为学生的必读书籍。在教学上，他把一部分课堂时间用于讲授法国建筑理论，

封斯雷在休达德拉公园内建造了一系列层层叠叠的温室。大型喷泉（上图）则于1881年竣工，这个喷泉集中体现了所有的学院派传统，同时还展现了设计者敏锐的画面感。封斯雷的另一项杰作是公园附近的伯恩大篷市场（Marché couvert El Born），它建造于1874年至1876年。

并向学生强调这些理论的根本意义：对传统建筑形式的研究不是一种厚古的态度，而是研究前人使用怎样的技术解决了当时的实际问题，以达到超越前人的目的。这样看来，正如高迪的学生所说，高迪的确把对法国理性主义的认识视作其学习生涯中最为重要的环节。

高迪在一次法国西南部的旅行中访问了图卢兹，维奥莱－勒－杜克对图卢兹的圣塞尔南（Saint-Sernin）教堂的修复让高迪非常失望。这次旅行中，他还参观了卡尔卡松（Carcassonne）城，这也是维奥莱－勒－杜克曾工作过的地方。旅行结束的时候，高迪说："我们走吧，这里没什么值得我们学习的。我们要学的是中世纪的建筑，这样才能获取灵感！我们还要把哥特式建筑从火焰式风格中拯救出来。"尽管如此，高迪依然十分欣赏

维奥莱－勒－杜克的理论著作，这也使他做出了一个对其未来有着举足轻重意义的决定。

机会来了。1882 年，为在巴塞罗那建造一座中世纪风格的大教堂而举行了设计大赛。在接下来的论战中，高迪站在了以设计师胡安·马托雷尔·蒙泰尔（Joan Martorell i Montels，1833—1906）为首的现代主义一边——而且他本人也在马托雷尔的指示下绘制了大教堂的正门设计图，并竭力反对复古派的设计，然而大赛评委却采用了后者的方案，最后建造了一座忠实于 14 世纪风格的教堂。

这个教堂就是后来的神圣家族大教堂，坐落于扩建区。翌年，有人提议让马托雷尔担任该教堂的施工现场指挥，他谢绝了这个提议，却推荐了年仅 31 岁的高迪。高迪接受了这项使命并为之工作直至去世。

1883 年 11 月，当高迪接替保拉·维拉尔担当神圣家族大教堂的现场指挥时，教堂地下室的新哥特式石柱（上图）已经建好柱头了，高迪将这些石柱建得比计划中稍高一些，以便能够更好地采光。左上图是在 1882 年设计大赛上由高迪设计并由马托雷尔递交的大教堂成型图。左下图为维奥莱－勒－杜克所修复的图卢兹的圣塞尔南教堂。

每一位活跃于19世纪末期的建筑师都曾试图摆脱往昔风格的束缚，却都在其职业生涯的某一阶段为时代历史主义的大环境所吞噬，而无一人能够成功。高迪尽管才华出众，也不例外。此外，他对彩色装饰和阿拉伯建筑也极其敏感，并赋予了二者远远超出技术之外的内涵。

第二章
从东方到加泰罗尼亚民族主义

"不论是过去还是将来，装饰物都应被染上颜色。大自然呈现在我们眼前的万事万物无不具有自己的色彩：植物界、地质学、地形学和动物界中的一切构成了鲜明的颜色对比。这就是为什么每一个建筑元素都必须被着色。"
　　——安东尼·高迪，1878年

［右图是文森之家（Casa Vicens）立面细节；左图是古埃尔庄园（Finca Güell）门房角楼细节。］

　　高迪是巴塞罗那省立建筑学校图书馆的常客，因而对于建筑学历史有着深入的了解。通过其弟子们的证言，我们得以了解到高迪对忠实再现各类建筑物风貌的摄影术是多么地心存感激，因为在过去漫长的岁月里，人们只能通过雕刻来认识它们。

　　在学习前代建筑物的外形和装饰时，各国大都选择了民族历史中最光荣的或最具象征性的时代来作为自己借鉴的对象。唯独西班牙是个例外，它深深地被莫德哈尔艺术（即西班牙复国后 12 至 16 世纪受伊斯兰教艺术影响的基督教艺术）所吸引。该艺术被认为是表面上非常成功的合成物。尽管它源于西班牙文化，但其地位却是由征服者确立的。在对周围毫无历史根据的折中主义的斗争中，它是最有效的参照。

　　从 1859 年起，何塞·阿玛多尔·德·洛斯里奥斯（José

　　"西班牙是以阿拉伯式建筑为代表的，换句话说，它是以奴役了自己几百年的征服者的建筑为代表的，原因我们不得而知。毫无疑问，这是为了让人在国内行走便有身在旅途的感觉。有必要想象一下格拉纳达的阿尔罕布拉宫，它的确有些小，但是新近装饰的包金和光彩夺目的蓝、红、绿等色泽以及复原得非常考究的阿拉伯式线条让它重新焕发青春……如果宫殿正面是西班牙式的话，那就完美无缺了。"

　　——《旅行指南，1878 年世界博览会名胜》

Amador de los Rios）开始在马德里市的圣·费尔南多皇家美术学院作题为"建筑学上的莫德哈尔风格"的演讲，并引起了激烈的讨论。演讲精彩纷呈，当时的多家杂志竞相刊载。他的结论被一致接受，其观点为，创立一门新的现代民族艺术离不开莫德哈尔艺术。作为西班牙艺术得以再生的源泉，莫德哈尔艺术受到众人的顶礼膜拜，并且多次通过19世纪后半期的标志性事件——世界博览会将其影响远扩至国界线之外。1873年的世界博览会由维也纳举办，1878年的主办地则是在巴黎，同一年，建筑师多梅内奇·蒙塔内尔在《文艺复兴》杂志上发表了一篇题为《寻求一种民族建筑学》的奠基性文章。1889年世界博览会还是由巴黎主办，并且每次建造西班牙式亭楼时，采用的都是新莫德哈尔风格。

与欧洲的各大都市一样，巴塞罗那也有自己的商号、药房、咖啡馆和饭店，它们见证了商贾们对于各种新样式的短暂迷恋。1902年翻新都灵咖啡屋（下图）的缘由便在于此。许多加泰罗尼亚艺术家参与了这项工程：如雕塑家欧塞比·阿尔努（Eusebi Arnau）和建筑师何塞·普伊格·加塔法尔切等人。马赛克和照明灯具从威尼斯进口，家具由索耐特（Thonet）公司提供。高迪则绘制了阿拉伯式咖啡屋的墙面图案。

高迪演绎莫德哈尔风格

　　高迪的许多作品明显为现代式样，一般将它们归类于莫德哈尔风格，但事实上，其"异国情调"并不仅限于此种风格。该类建筑包括 1883 年至 1888 年间他为瓷砖商人曼努埃尔·文森·蒙塔内尔（Manuel Vicens Montaner）设计的夏日寓所，建于 1884 年至 1887 年间的古埃尔家族别墅的亭楼，以及 1883 年至 1885 年间在巴塞罗那外的科米亚斯（Comillas）为堂马克西莫·迪亚兹·德·吉哈诺（don Maximo Diaz de Quijano）建造的名为"随性居"的夏季别墅。

　　这些建筑的共同之处何在？它们又在哪些方面借鉴了伊斯兰建筑艺术？乍看上去，那些勾勒出它们轮廓的城楼、角楼和灯笼无疑会让人想起开罗的清真寺和尖塔（在随性居内则是名副其实的西班牙式屋顶观景楼）。

　　科米亚斯是一个沿海的小村庄，它获益于自己的一位居民——批发商兼金融家安东尼奥·洛佩兹（Antonio López，1817—1884），当他成为该村历史上的首位侯爵后，便意欲在其出生地大兴土木，为自己歌功颂德，并将该村变为上层社会的一处度假胜地。这一举措大获成功：西班牙王室果然于 1881 年夏季光临此地，并居住在洛佩兹建造的宫殿中。雕塑师胡安·里默纳（Joan Llimona）和欧塞比·阿尔努等人以及建筑师马托雷尔——洛佩兹宫殿及其墓碑的设计者、蒙特奈奇·蒙塔内尔（Montenech i Montaner）和高迪等都参与了科米亚斯的工程（上图，随性居）。

对于高迪来说，了解此类建筑并非难事。因为早在大学时代，他就已经大量地查阅了省立建筑学校图书馆所藏的图书。

然而，若置身近处观察，这些造型各异的顶饰却又与伊斯兰建筑不完全一致：它们只是从总体上给人一种伊斯兰建筑的感觉，其实建筑师并未照搬任何东西。他所采用的完全是一种折中的手段，在不同的地方提取不同的元素——或许是一道檐口、一块挑头，也可能是一处线脚或一种顶饰，随后他便依照自己的顺序将它们重新组合并联结起来，毫不考虑结果会属于何种风格。每一部分都按自己的方式存在于整体中，而无须在意其造型上的独立感。

材料的大胆布置也是如此，更不用说对纷繁色彩的巧妙运用了。以文森之家为例，其立面给人的感觉就完全像是穿着一件由格子条纹的布料裁制而成的衣服。建筑师将方砖和瓷砖分别贴成带状，它们构成了两种图案：一种是单色的，另一种是花纹的——砖带以一种很精妙的方式交替出现，这

文森之家所体现出的高迪对于色彩的执着（左下图及右上图）既不属于历史主义也不属于折中主义，而更多地属于西方想象的范畴。整个19世纪以来，该想象一直将材料的贵重、豪华、奢侈和外形的奇特、荒诞与一个经常为各种游记和故事所描述的东方相联系。建造文森之家的意图和古埃尔庄园相同，都是要改善生活环境，过梦幻般的日子；二者都提供了一种超脱于资产阶级世界和现时琐事之外的人类居住的观点。

无疑是独一无二的大家手法。但是这种交替绝不重复，丝毫不会给人以单调感。而且，在房屋的底部两层，图案分布轴在水平方向上，而从三层至露台，它又转为垂直。

相比之下，随性居内的饰物则要柔和许多。因为，它们的建造严格遵循着瓷砖和方砖水平交替排列的原则。尽管如此，装饰的色调还是非常丰富且强度极高。并且，在古埃尔庄园中建造门亭（一个是给门房准备的，另一个用作马厩）时，饰面的混杂程度达到了极点。全部建筑皆采用石质地基，砌面使用焙烧成鳞状的米色泥板，然而门窗却突然转用红砖框饰，并配以锻铁栅栏或木质百叶窗；所有圆屋顶和顶塔上都铺有颜色鲜亮的瓷砖，其中一些已经采用碎瓷技术打碎，这被认为是高迪建筑中的一个重大进步。

与混杂的材料和色彩相对应的是混杂的造型。比如古埃尔庄园中的门房亭，该亭的主体为八角形，上盖一圆顶，圆顶上又有一灯笼式顶塔；并且，从八角形的两个侧面在直角平面上延伸出两翼。然而这种造型上的千变万化必定导致耗资巨大，它以理性的方式满足着一项特别工程的需求。同样，混杂色彩是用来为立面的连接处和强点增光添彩。这样的取向分明不是来源于伊斯兰建筑艺术，而是属于维奥莱-勒-杜克（Viollet-le-Duc）所宣扬的建筑理性主义。

1860 年前后，加泰罗尼亚地区的工业家、经济保护主义的重要理论家胡安·古埃尔（Joan Güell, 1800—1872）获得了两处巨大的地产。他委托建筑师马托雷尔改造当地的农舍。在他死后，其子欧塞比·古埃尔（1846—1918）娶安东尼奥·洛佩兹的女儿为妻，婚后生有 8 个子女，他将该地发展为一处绝佳的养老居所：古埃尔庄园。

一代大师的出现

　　除上述影响之外，某些建筑和装饰手法也是高迪所独有的。例如，在古埃尔庄园中，他用抛物线构建出马厩的内部结构。另一个例子则在于他拒绝将墙壁接合成直角：门房亭的墙壁完全被镂空，文森之家的某些地方也是如此。与有时在别处对色彩的过分运用一样，这些空隙也都体现着高迪使建筑物非物质化的意图，这一意图在神圣家族大教堂的工地上更加明确地显现出来。

　　古埃尔庄园的铁栅栏大门也是一件传世杰作。这是一道单扇大门，门口是一只气势逼人的巨龙，它张开大嘴，把爪子全都伸向外面。这道门利用了工业进步所带来的全部技术——钢板和金属型材的生产，以及锻铁加工上的传统工艺。巨龙的结构由预制的T形、L形的构件牢牢固

　　房屋和花园中进行了多处改造，同时，几处新的建筑计划也被确定下来：一道围墙、一间门房、几个骑马场、一处喷泉，宏伟的入口，它标志着通往家庭别墅之路的起点。以上全部工程于1883年被委托给高迪（上图，摄于1916年前后）。当代神父及诗人亚森·韦尔·达·盖尔（Jacint Verdaguer）将这片古氏地产命名为"萨塔利亚塔"，意为向白玫瑰的多变和充满神奇的小亚细亚城致敬。

定，龙身由一根铁杠和另一根缠绕其上的厚度可变的弹簧构成；铰接的龙爪上布满了精压的钢制鳞甲；并且，龙的左爪内装配有一个活动关节，开门的同时也就启动了这只龙爪。

　　大栅栏门支撑在砖块砌成的石柱上，高踞于这根石柱上的一棵甜橙树和悬挂于行人入口处的小栅栏上的一把竖琴，促使某些历史学者将这道大门视作一道具有象征意义的大门。假若这一设计由神父诗人亚森·韦尔达盖尔担当负责人，他将当之无愧。1877年神父凭借其叙事史诗《大西洋洲》荣获图卢兹百花诗赛的桂冠，该诗详细描述了赫拉克勒斯的丰功伟绩和大西洋洲的消失。诗中有一节出现了一只被铁链锁住的巨龙和一棵甜橙树，这不由让人想到希腊神话中著名的赫斯珀里得斯花园。此外，韦尔达盖尔与欧塞比·古埃尔关系甚密，这首名诗正是为其所作。

高迪在古埃尔庄园的马厩中使用的既非半圆拱也非尖顶拱，而是抛物线形拱面（上图），这是加泰罗尼亚哥特式建筑风格的体现。波布莱特（Poblet）修道院修女宿舍和僧侣宿舍（前者始建于13世纪，后者始建于15世纪初）的那些长的甬道展现着一种极其相似的拱形隔墙的连续发展性。并且，高迪非常喜爱这座由他于1882年春亲自设计照明的修道院。右图为古埃尔庄园门房的立面细节。

卓尔不群的建筑师

尽管这一建筑群的规模尚不算大，但不管怎样，高迪已经发现古埃尔是一位能够接受其全部大胆设想的赞助人。对于欧塞比·古埃尔·巴希加鲁比（Eusebi Güell i Bacigalupi，1846—1918），高迪评价道："这真是一位了不起的人物，他的思想就像佛罗伦萨的美第奇（Médicis）家族或热那亚的多利亚（Doria）家族的王子一样高贵"——毫无疑问，他是一个理想的投资人，和他合作，建筑师可以无拘无束地展示其才华。虽然在 1870 年前后，古埃尔参与过巴塞罗那的政治生活，但其威望和影响却主要来自于经济活动。

当时欧塞比·古埃尔是几家大型纺织企业的领头人，其合伙人之一的费兰·阿尔希纳（Ferran Alsina）凭借其在工业领域的科研而著名，他引进了新式机器和新的生产方

"我能感受到空间，也看得见它的存在，因为我的父亲、祖父和曾祖父都是锅匠。他们使我受益匪浅。锅匠的职业在于从表面塑造出立体；在工作开始之前，先已经看到了空间的所在。可以说，文艺复兴时期所有佛罗伦萨的大艺术家们也不外乎是在平面之上创造出空间的雕刻家。"

或许正是因为这一从祖先那里继承而来的才能，高迪将锻铁制造变成了一门讲究虚、实和深度的空间工艺。其手法之纯熟，令人叹为观止。他的作品中有单线条勾勒出的植物图案，如文森之家围墙栅栏上的棕榈叶（见 25 页，下图），也有别的，像在古埃尔庄园及文森之家出现的守护龙（见 24 页图和 25 页上图）。据里卡尔多·奥比索（Ricardo Opisso）说，高迪常常在罗格·德·弗洛尔（Roger de Flor）街的一家铁店铺一待就是几个小时。有一天，一名笨手笨脚的工人让高迪很是恼火，他便从这名工人手中夺过铁锤，"在铁砧上做出示范性的敲打，他运足力气，锤点疯狂地落下来，高迪就这样把炽热的铁块矫直并敲打成自己想要的形状"。

法，从而可观地增加了收益。

高迪乐于称古埃尔为"总督"，他于 1886 年至 1889 年间为后者建造了一座城市宫殿，不论是从结构、立体、还是空间分布的角度来看，这座宫殿都充满着革新。另外，建筑师还首次面临着室内装饰的难题，因为古埃尔宫比其以往的任何作品都更加宏伟，对于这道难题，高迪竭力采用奢华的手段来解决。然而，华丽的内饰却又与简约的外表构成强烈的对照。一眼看去，古埃尔宫朴素的外表会让人想起威尼斯的哥特式风格，但它其实主要是受了维奥莱－勒－杜克的影响。作为居所，古埃尔宫也接待来客，它一共有六层，其中包括一层让人惊叹的地下室，这里用来充当马厩，人们通过一个螺旋形的楼梯上下，楼梯则由几个砖砌的圆柱支撑，柱顶还加有截锥形柱头。第二层的大厅上方是一个巨大的圆屋顶，它由两个帽形拱顶构成，并且上面开有圆形的小孔；大厅后面是一个小教堂，而且从这里也可以进入餐厅，餐厅又与一间私人客厅和一间弹子房相连。

主楼梯从底层上来，到达第二层，它通向前厅，前厅内依次排列着一间会客室和一个接待大厅。再往上的其他楼层则是主人、宾客和仆人的卧室。

古埃尔宫的正面朴实无华得没有任何雕塑，也没有任何彩饰——只是在入口的门厅上有一处装饰：一个巨大的锻铁质加泰罗尼亚盾形纹章。此外，大面积的石块铺面更增添了这份朴素，只是在底层、中二楼的某些地方以及在廊台的支柱上使用了大理石，这是个大型的廊台，其

1888 年，尽管古埃尔宫室内工程尚未完工，但欧塞比·古埃尔依然在此接待了王室成员。事实上，该建筑的设计意图主要是为演出而服务（右图为其大厅）。至于为何选择建在历史上的中心城市的交通干道——"兰布拉大街"，则可以由古埃尔想让其加入到 18 世纪伟大建筑的行列中去的意图来解释。古埃尔常常成为巴塞罗那诸家报刊的漫画人物。图中，他挽着篮子，正行走在古埃尔公园入口处的阁楼前，篮子里装满了一种加泰罗尼亚蘑菇，这是在影射古埃尔公园的某些建筑的外形。

长度几乎和整个第二层和第三层的长度相当。

　　大部分为古埃尔宫设计的家具都是新洛可可风格或新哥特式风格。这一点并不出人意料，因为古埃尔所想要建造的就是一个用来珍藏和展示其艺术收藏品的宫殿，并且在其收藏物中，中世纪的加泰

罗尼亚艺术占据着一席之地。但是，依然有某些家具和当时的家具业所能制造出的产品大相径庭。有一只长椅便属于此列，其柔软舒适的椅垫与毫不相衬的锻铁骨架形成了奇怪的对比。另外，还有一个稳定性随时都成问题的梳妆台：镜子被故意地歪挂着，这样便毫无匀称感，同时，台子的脚和横档总让人想起某种行进中的动物。与极为新颖奇特的外形遥相呼应的是属于"东方财富"的小型人字墙。

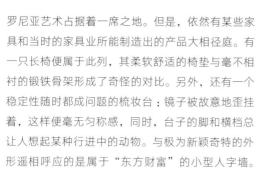

　　"还有什么比这些用建筑废料建造的怪异的烟囱更新奇的呢？"碎玻璃片，无用的大理石块、打碎了的蓝色彩釉瓷砖，还有建造壁炉时剩余的石灰，把它们胡乱地拼凑起来，却拼成了梦幻般巧妙的外形，拼出了光彩夺目的建筑，这一色彩丰富的建筑群让我们看到了一位化腐朽为神奇的真正的艺术家。"

　　——《先驱报》，1890 年 8 月 30 日

它们形状各异，加在阳台上为数众多的烟囱和通风口上，阳台好比一个不太标准的棋盘，烟囱和通风口就像棋盘上的棋子。这些人字墙预示着数年后在米拉公寓（Casa Milá）的波浪形阳台上将会出现更为奇特的外形。后者被建成古代迷宫的式样，上面站满了戴着头盔、面无表情的神秘兵士。

［文章作者：弗雷德里克·拉奥拉（Frederic Rahola），一位与欧塞比·古埃尔有政治和经济往来的贸易保护主义雇主组织的书记员］

古埃尔宫室内装饰的奢华与其"巴洛克风格"、大型中央会客厅的帕拉迪奥渊源以及某些空间的鲜明独创性都无法掩盖新哥特式思考对这座建筑的影响。高迪重新审视了一番哥特式风格，并得出结论：它当然是一种风格，但不是一种完全成功的风格。他说："哥特式艺术尚不完美……它是一种中规中矩的、程式化且又不断重复的艺术风格。"

第三章
哥特式风格与理性主义

尽管清贫本就是阿维拉圣女特蕾莎（Thérèse d'Ávila）修会的教规之一，尽管特蕾莎教会学校的建筑材料格外经济，但高迪还是赋予了建筑物一种庄严，这种庄严尤其通过屋面上的堆堞显露出来（左图）。右图为阿斯托加（Astorga）主教宫内一根门厅支柱的柱头。

高迪从未试图掩饰过自己受维奥莱－勒－杜克的影响，而后者的理论性著作对其影响尤为深远。尽管1860年至1877年间由这位法国大师主持的图卢兹的圣塞尔南教堂的修缮工程让高迪深感失望，但是，读完《法国11至16世纪建筑学辞典》后，他当即感觉受益匪浅，

对于19世纪末的建筑师们而言，欧仁·维奥莱－勒－杜克（左下图）的理论性著作——其中广为人知的是1854年至1868年间出版的十卷本的《法国11至16世纪建筑学辞典》——为他们提供了一件特殊的工具，一种独特的方法。这样，他们在对"现代性"的思考中便能够更好地引导自己，然后他们要做的便是将这种方法推而广之。

古埃尔宫的不少设计灵感便来源于此。比方说，高迪运用了极其独特的元素来装点古埃尔宫狭长而朴实的正面，封闭型廊台是那么狭窄而又突出于外，并且室内空间被巧妙安排的支柱一分为二，这些很有可能就是借鉴了维奥莱－勒－杜克在加高克鲁尼（Cluny）的一座中世纪房屋时所采用的手法。

尽管大型中央会客厅首先让人想到的是帕拉迪奥（Palladio），但是谁也无法排除其抑或是来自于维奥莱－勒－杜克风格的可能性。因为1863年出版的《建筑学对谈录》中的第19篇论文曾不遗余力地称赞沃克沃思（Warkworth）城堡——一座英

国建筑——的室内布置是多么合理。该城堡的建筑中心是一口天井，其上加盖着一座顶塔，楼梯则是顺延而下。

一位维奥莱－勒－杜克的继承人

维奥莱－勒－杜克的影子在高迪的另外两座建筑中也有所体现，它们都在古埃尔宫动工后才开始建造：一个是阿斯托加主教宫，它于 1887 年至 1893 年建造；另一个便是位于巴塞罗那市的圣女特蕾莎教会学校（为阿维拉圣女特蕾莎修会的修女们而建），它建于 1888 年至 1890 年间，其建造时

尖拱在圣女特蕾莎教会学校的所有立面上随处可见，任一层的窗户上也是如此。在木质百叶窗和入口处平行六面体形的凸出廊台的衬托下，它变得极为显眼。

间在高迪的所有作品中创造了最短的纪录。这两座建筑的外形都是极其简单的矩形体，此构思或许是来源于《法国建筑学辞典》中关于瓦兹省布莱特伊镇的圣玛丽（Sainte-Marie）修道院的厨房和医务室的草图和评论。

此外，这里也采用了一种不久前刚刚在古埃尔宫试验过的布局，即在中央建造一个采光天井。修道院由修会的创始人堂恩里克·德·奥索（don Enrique de Ossó）委托建造。这恐怕是高迪最接近维奥莱-勒-杜克的作品了，并且最终的作品完全符合计划中沉静、思考、庄严的氛围。当人们看到规格一致的窗户整齐而有序地排布在这座平行六面体大楼的四周时，也都会情不自禁地感受到这些特点。

修女们的财富自然不可能与一位工业巨子相比，因此高

在圣女特蕾莎教会学校二层的走廊上，高迪用石砖砌成宽大的抛物线形拱顶，与底层不同的是，这里的石砖表面覆盖着一层薄薄的石膏——这种大型的白色表面在莫德哈尔艺术中极为普遍。这样，斜射进来的阳光便得到了充分的反射。

迪在前三层选用了未磨光的砾石做铺面，第四层上采用的则全部是工业用砖。此外，所有的门窗框饰、层与层之间的装饰带也都由这种方砖建成，并且，装饰带上还镶有鲜红色的修女纹章。鉴于这是一所教育机构，而且该校同时招收走读生和寄宿生，所以高迪便致力于以最有效的方式来创造学校的交通、住宿和照明条件。教室位于大楼的一、二层，宿舍则被安排在三、四层。

　　为了保证教学场所有充足的光线，在底部楼层开凿适当的采光口便成了头等大事。底层中央有一条走道横贯而过，它可以通向各间教室；二层上有一处起光源作用的室内采光井，本层的走廊就围着它一分为二。然而这一片极小也极为理性的空间，却毫无保留地展示着高迪把握造型的天分，它也完全可能出现在某座工业建筑中。在这里，高迪早在建造古埃尔庄园时就已表现出来的镂空外墙墙角的意图再次得以体现。他不仅在三、四层隔出空间，还将这一手法继续加以延伸；他在角楼上凿出孔穴，并将修会的徽章置于其中，让人感觉它们如同旗帜一般飘扬在空中。但最具高迪特色的地方还是在于他用著名的抛物线形拱顶来代替哥特式穹顶：在外，是抛物线形拱顶赋予了所有的窗户十分别致的外形；在内，它被加高以最大限度地减少侧推力，从而形成了长长的回廊。这些回廊为课间

圣女特蕾莎教会学校的情形和古埃尔宫一样。一道雄伟的锻铁大门为其朴实无华的正面增色不少，这道双扉大门占据着入口处抛物线形拱顶的下部，底层的抛物线形窗户上也装配有锻铁栅栏。其图案为耶稣名字的开头字母。

嬉闹创造了现成的条件，但同时，它们也更能激发学生们的沉思冥想。

工地风波

在阿斯托加主教宫，则看不到类似的抛物线形拱顶，这一点着实令人惊奇。然而主教宫与圣女特蕾莎教会学校和古埃尔宫一样，都是围绕着一大块空间来组织其室内结构的。位于阿斯托加主教宫正中的是一口采光天井，其下即是一段楼梯。同时，顶层从外形上看就是一处宽阔的空间：

此间所有的墙壁都被窗户所取代，使得采光充足，也虚化了空间。但是投资人胡安·巴布迪斯塔·克劳（Joan Baptista Grau）主教于1893年工程竣工前去世，高迪也因此而没能亲自指挥完成主教宫的建造。当地的承办者因嫉妒追随高迪至此的巴塞罗那的工匠们享有特权，便鼓动教堂的教务会与高迪及其施工队解除了合约。正如今日我们所见到的一样，主教宫的楼体笔直，各立面之间无比和谐，再加上那些极为雅致的尖塔，它称得上是一座新哥特式风格的典范建筑。

然而，发生在阿斯托加主教宫工地上的变故丝毫未影

鉴于莱昂（León）地区降雪频繁，高迪便在罗斯·波蒂内公寓的屋面上加盖了一层薄薄的板岩，并且在其角楼上建造了人字墙。对于这一手法，巴塞罗那的建筑师们大加赞赏并广为采纳，高迪则轻轻一笑："他们未雨绸缪得过了头，他们给建筑盖上尖屋顶，生怕气候要发生变化。"

响高迪继续其在莱昂的工作。在这座城市的历史中心，他为欧塞比·古埃尔的两位友人建造了罗斯·波蒂内公寓（Casa de Los Botines），他们是两位纺织品批发商——费尔南德兹（Fernández）和安德烈斯（Andrés）。与建于巴塞罗那的几处私人住宅相同，高迪还是将房主处理业务的场所安排在本公寓的底层，楼上则是为数众多的出租套房。从形式上看，此建筑整体紧凑雄伟，同样属于新哥特式风格。这一次，垂直表现力对于建筑家而言显得尤为珍贵。但他绝不滥用，只是通

一改其往日的习惯，高迪在阿斯托加主教宫选用了白色花岗岩。在建筑物周围，一条深水渠被开凿出来，它让人感觉仿佛有各种形态不一的小楼就要破土而出一般。另外，开始曾有人预计入口处的雕塑将会是尖塔顶饰。

过天窗、烟囱，尤其是角楼表现出来——这样少量的几种元素明显是来源于法国风格。此外，上述几种构件的布置，再次否定了对任何墙角的接合。这座建筑能让人感受到一种不同以往的水平张力，底部各层连续不断的滴水石便是明证。

哥特式世俗建筑

维奥莱－勒－杜克的各项主张给了高迪极其宝贵的启发，但往往一番思索之后，高迪本人的个性也会给它们带来某些变动。而且高迪对哥特式风格的学习并不局限于书本上的理论知识，他所参与的实践活动绝不在少数。

在大学时代，他就参加了省立建筑学校的教师埃利斯·罗让组织的全部考古行动，从而比较早地熟悉了加泰罗尼亚地区及法国鲁西荣省的哥特艺术。之后，他又旅居莱昂，因此得以有足够的时间从容地研究当地的大教堂，后者被誉为哥特艺术的瑰宝、受法国派影响的典范。他也曾拜访过布尔戈斯（Burgos）的大教堂，并毫不犹豫地认为它只不过是座炫耀财富的建筑罢了，这让当地的社会名流们大失所望。

此后，高迪又为加泰罗尼亚的哥特式艺术锦上添花，他于1900年至1905年间在巴塞罗那附近的贝莱加尔街（Bellesguard）建造了一处乡间住宅。这次的委托人是玛丽

莱昂市的圣·玛利亚·德·雷吉亚（Santa María de Régia）教堂（上图）看起来就像是一个缩小了的汉斯大教堂，然而其立面则让人想起亚眠大教堂。工程于1205年开工，一直到14世纪初才完成。因为建造质量不佳，19世纪后半叶便进行了整体修复。

亚·萨古埃斯（María Sagués），她来自一个支持加泰罗尼亚教派政治复兴的大家族。工程的选址位于历史上的加泰罗尼亚王朝末代皇帝马尔丁一世（Marti Ier）曾为自己建造过的一幢别墅之处。此住宅是它所维护的加泰罗尼亚历史的象征，这种维护的特性在于严肃而朴实的外形——每个墙角都以一种极为罕见的方式突显出来，也在于精心设计的雉堞、堞眼和极为狭小的窗户之上——它们窄小得有如城堡上的枪眼，还在于那些坚实而又倾斜的柱子——它们支撑着通往房屋的堤道。此外，宅室内部也充盈着明显的高迪式手法：圆屋顶被分隔开并加肋，顶层长廊上布置着螺旋形的支柱，等等。

从外表上来看，贝莱加尔楼呈矮壮的方形，其角楼顶端镶有一个瓷质的十字架，十字架的四个角正指着东南西北。加泰罗尼亚的风光无限秀丽，贝莱加尔楼便如同一磐巨石屹立于此（上图）。尽管高迪使用的只是当地简陋的板岩，但他还是成功地将一幅蕴含着灰、绿、棕、黄等色泽的画面巧妙地展现在我们面前。

巴洛克风格的气息

　　高迪早在建造贝莱加尔楼之时，就已探索出了不同于新哥特式风格的道路。这些道路指引着他建造了卡尔维公寓（Casa Calvet）。其投资者佩德罗·卡尔维（Pedro Calvet）是一位布匹商人，公寓便取名于他的姓氏。此次委托占据了高迪从1898年至1904年的时间。对于他来说，这次可以尝试一种自己从未建过的类型——齐街建造一所住宅大楼。大楼的正面用大石块砌成，二层之上、入口上方是一座廊台，两座人字墙形的顶饰构成了整个建筑的重要元素。另外，三叶形阳台的运用减弱了整座大楼的整齐划一感。同时，它也衬托出廊台两侧的两个垂直跨度之间的窗户。此正面不同于高迪的往日作品之处便在于其精

　　贝莱加尔楼的外部朴素而棱角分明，其室内的装饰和造型各不相同，二者形成了强烈的对比。入口处更是如此，这里的挑头柱和顶板预示着在米拉公寓将会出现如波浪般起伏的外观。墙壁与天花板上有一层粗涂的白色泥灰，其光滑的外表使得墙与顶互相渗透，二者间的夹角也因此而变圆。光影游戏其间，原来的形体也就不再那么突出了。

美的雕塑装饰。人字墙顶上镶有十字架；顶层的每扇窗户之上，突然跃入眼帘的是房主的主保圣人及其出生地的圣徒的半身雕像，圣像顶则又有象征永恒荣誉的棕榈叶冠。廊台上满是纷繁交织的花纹，它们取材于一种名为"魔鬼之蛋"的蘑菇，在栏杆的锻铁结节上也有它们的图形。大楼的门牌、门铃、正门把手以及那个古怪的门环都由锻铁制成。说它古怪，是因为从外观上看，它是一个十字架，但只要按动一个奇特的按钮，它就会自动散开。

卡尔维公寓的门面嵌在两座既存建筑之间，它为巴塞罗那市政府所嘉奖。这是高迪在世时获得的唯一一次官方认可。

　　室内更是别有洞天，通向楼梯间的正门门厅最是让人叫绝。此门厅被完整地改造成了一个巴洛克式华盖，其锻铁栅栏门四周用加有爱奥尼亚式柱头的小圆柱围住，两侧扭曲的支柱则标志着楼梯间由此开始。

　　这是门厅后面的一块小空地，厅内的几面镜子互相映照，使得整个门厅显得宽阔了许多，三盏配有涡形外饰和圆形灯架的电灯也在镜子中反复成影。在卡尔维公寓，高迪得以继续他在家具领域的尝试。他为卡尔维一家所住的套房而设计的客厅座椅与其在古埃尔宫的作品如出一辙，椅座和椅背上铺垫的绒毯、制椅所选用的烫

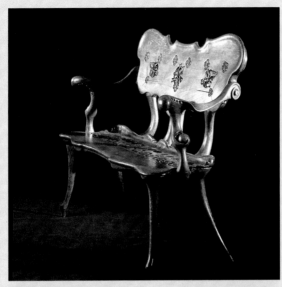

卡尔维公寓内的家具无不具有十分怪诞的外观，它们总让人想起各种矿物、化石，甚至是人类的骨骼。因此，虽然此类专业家具倾注着高迪在人体工程学方面耗费的心血，但是这一点往往被人们忽视。例如，考究的流线型设计是为了确保人的坐姿舒适，并对腰椎提供足够的支撑。这些家具的构造完全合理，生产工艺极为精确，椅座和椅背的各部件以及方材之间的接头、安装口的切割和装配都毫无例外地经过悉心的考虑，目的是制造出最为坚实的家具。在这一点上，高迪以前的门生贝尔格斯所讲述的一件逸事非常能说明问题。内战期间，有一次，公寓底层的窗户玻璃被猛然炸碎；某扇玻璃后面的一张椅子也受到了爆炸的影响。然而它却未被损坏，只是从各安装接口处散开了。后来，人们不费吹灰之力就又将它恢复如初。

高迪为古埃尔宫设计了不少家具，44页图是摆放于客厅中的一把扶手椅，本页下图是古埃尔夫人卧室中的小梳妆台——二者皆属传统的洛可可风格之列，繁荣于18世纪的洛可可艺术延续至当日，对于全欧洲的资产阶级消费群而言，已经成了一种高雅的贵族风格。当然，卡尔维家族也拥有一些由高迪构思并设计的"新洛可可式"家具，其中包括一面雕木烫金镜，它很可能是出产自胡安·布斯盖（Joan Busquets）的工场（本页上图为其部件复制品）。尽管上述家具的外观极尽荒诞之能事，但它们又都毋庸置疑地符合人体工程学原理。还有两把科尔多瓦皮质的大扶手椅也是如此：雕刻或烫金饰物上所展现的曲线和反曲线自然属于洛可可风格。此外，椅座、椅背及整把椅子所呈现出的曲线和反曲线也明显经过缜密的计算，以确保座椅完美地贴合人体，并让人的坐姿变得更为高雅。为了便于古埃尔夫人可以轻松地系上高帮皮鞋的鞋带，高迪甚至在梳妆台的桌脚上设计了一块小踏板。

金雕木都是其点睛之笔，二者象征着主人的财富。在椅脚上，则不仅有金属植物花纹为饰，高迪还大胆地采用了螺旋式的外观，这便足以消除其作品可能给人带来的浮华之感。

　　然而真正的新颖之处则让高迪踏上了此后他从未停止过的探索的道路，它不仅在于为底层的办公室和商店而设计的家具，更在于建筑师的一个举动。按照传统，这是建筑师应该做的一件事情。为了制作平台上的门把手，他必须将双手插入软性的黏土中，把手就依留下的印迹为外形而制成。至于各构件功能分明、关节粗大如人骨的专业家具，则不久便占据了公寓的每个角落。

　　在设计卡尔维公寓的门厅（左图）时，高迪借鉴了西班牙传统的巴洛克式风格。此处，电梯的外形好似一座祭坛，且从外形上来看，它与18世纪加泰罗尼亚地区的装饰屏有千丝万缕的联系，与雕塑家路易斯·波尼法斯（Lluis Bonifàs，1730—1786）的作品更是渊源颇深。上图是二层中央的廊台，它位于正门之上。

在20世纪的头几年里，高迪逐渐把天生的建筑师气质与他对造型艺术丰富的想象力融合在一起。他的建筑风格从结构与装饰两相对立的束缚中解放出来，形成了形式独特的整体。其作品中的一砖一石构成了清晰而生动的有机整体，透着建筑史上独一无二的勃勃生机。

第四章
走向有机建筑

"建筑不但不应当抛开色彩，还要用色彩来赋予形式和建筑体以生命。色彩是形式的补充，是生命力量明确的表达。"——高迪

[右图为古埃尔公园（Park Güell）市场顶部的圆形雕饰。左图为巴特罗公寓（Casa Batlló）的屋面近观图。]

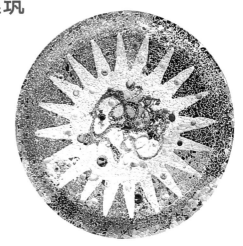

　　1900年，古埃尔公园工程开工，这是
高迪领导过的最大的工程。整个公园占地
20余公顷，位于巴塞罗那城西北芒坦亚·培
拉达（Muntanya Pelada）的南山坡，依山而
建，于1984年被联合国教科文组织列为世
界遗产。如今它成了一个真正的公园，一个
巴塞罗那人散步休息的好去处，但这并非设
计者的初衷。高迪由于受到了英式花园的启
发，打算把古埃尔公园建成花园式住宅区，
在他递交给巴塞罗那市政府的设计图上，他
也采用了英文中的"Park"一词。这是一个
远离城市的住宅区，它的最高点是一座小教
堂。这片土地的拥有者古埃尔和建筑师高
迪，以及高迪的助手何塞·帕尔多·卡萨诺
巴斯（José Pardo Casanovas）、胡利安·巴

尔迪·帕尔多（Julian Bardié Pardo）最终决定将教堂建在满是乱石的山坡上。但是他们等来的却是人们不冷不热的反应，60块用于修建住宅的土地只有两块被售出并动工，他们的计划落空了。

永恒的本质

尽管如此，古埃尔公园仍将高迪的建筑天赋展示得淋漓尽致。首先表现在，高迪所取的这个地方交通并不便利；其次，它的地形复杂，增加了填土和修筑土堤的难度，然而，离开了它们，整个建筑的立视图也无从谈起。

为了避免耗资巨大的石质挖方工程，高迪设想建造三座高度不同的高架桥。其中最低的一座有两排向内倾斜的

1903年，加泰罗尼亚建筑师协会参观了古埃尔公园的施工现场，他们的发言人萨尔瓦多·塞雷（Salvador Sellés）说："这些石柱有的带着泥土的气息，有的经过雕琢后又透着精美，总之都给人以质朴的美感；它们有的形状扭曲，有的则呈圆柱体，形态各异；有的石柱外侧有钟乳石形的加固装饰，有的则是石笋形，就像是一部被雕刻出的大自然随想曲。"

石柱，石柱在顶部渐渐变宽，与拱顶接合得天衣无缝，在空中划出一道道完美的弧形。这些石柱没有底座，看上去就像是从土壤里生长出来的树干。其他两座高架桥都有三排石柱，中间一排是垂直的，两边的两排向内倾斜。与刚才所说的那座桥不同，如果说那座桥的石材造型让人联想到钟乳石的话，那么这两座桥的拱顶则呈交叉肋形的式样。

此外，石柱两端增添了底座和柱头，这使它们从自然形态回到了典型的建筑形态。这几座高架桥的石块砌合方式也不相同。最低那座桥的石柱采用的是不规则石块，堆砌的方式也使人联想到棕榈树的树皮和枝干。而较高的两座桥的石柱虽然堆砌方式也带着乡村气息，但使用的却是平整而方正的石块。最高一座桥的两侧有巨大的花架，用未经加工的粗石料建成，体现出自然主义的风格。花架是顺着树的轮廓而建，花架上栽种的龙舌兰让沉稳的树充满了活力。

（下图为古埃尔伯爵倚靠在多柱式大厅的石柱上，摄于 1915 年。）

这样，自然形式与建筑形式之间开始了真正的对话。高迪选择了不同的树种和植物（松树、角豆树、棕榈树、灌木）以及各种不同颜色和质地的建筑材料，这一切使建筑物与风景融为一体，高迪似乎想到了塔拉戈纳地区那些高大的干垒石建筑。

此处居民购物的地方便是古埃尔市场，高迪为此设计的多柱式大厅却是一派正统的建筑风格，石柱竟有 90 余根之多，完全就是一座维特鲁威（Vitruve）笔下的多利安式建筑。

然而高迪也做了一些改动：柱身的直径大大增加，柱沟的数目却减少了，曲

线的纹饰更加厚重，而石柱颈部变得扁平，给人坚定厚实之感，与希腊的苗条纤细之风相去甚远。此外，中楣和上楣的三角槽排档上悬垂的锥形装饰也体现了自然主义的风格。实际上，高迪创造了一种新的柱型，它让人联想起建筑诞生之初那个遥远的古代。

石柱显得庄严而神秘，与石柱之上那明亮鲜活的瞭望台形成了强烈的对比。这巨大的露台用夯实的泥土筑成，外沿镶上了一道蜿蜒曲折的矮墙。这道长长的矮墙宛如一条巨蟒，浑身贴满了碎瓷片和玻璃片。

在通往多柱式大厅那条路上有一个巨型蝾螈的雕像，它的皮肤也使用碎瓷片和玻璃片做成。它的象征意义如同古希腊神话中守卫这珍贵的地下水的巨蟒，这条蝾螈嘴中吐出清泉，它与一个容积为一万两千升的蓄水池相连。这种碎瓷片和玻璃片的装饰还出现在围墙的顶饰上，这道围墙依地势而建，共有七道门，正门台阶两旁的墙壁以及正门两座亭子的顶饰也用了这种装饰。两座亭子整体形状是椭圆形，嵌在围墙里，一座是门卫的住处，另一座则是住宅区的管理处，这座亭子顶上还有一座高达十米、通身覆

盖着碎瓷片和玻璃片装饰的高塔。

建筑与装饰的融合

　　高迪并非随意地运用这些五光十色的材料，而是在对色彩在建筑中的角色和直观感觉的作用深思熟虑后做出的决定。以下是一个建筑工人的回忆，他在巴特罗公寓的工地工作过，并且他的工作正是给正门的建筑物贴上彩色的碎瓷片和碎玻璃片。"安东尼先生站在公寓前面，高声地指挥着工人们应该往哪儿贴什么颜色的碎片，这对于已经习惯了粘贴固定图案

及对采用简单实用的手法达到宏伟效果的偏爱，这些也许是建筑复兴以来最先验性的成果了。"
　　——胡安·鲁比奥（Joan Rubió），一位曾与高迪合作的建筑师，选自 1913 年出版的《概括建筑学的困难之处》

的砖瓦工人来说并非易事，我们得学会与那些斑斓的色彩打交道。我们常常不得不把整面墙上贴好的碎片取下来重新贴上去，直到安东尼先生满意为止。"此外，贝尔格斯回忆说，在碎片的表面"有高迪亲自标明的基本色彩差别，在这些指示下工人们把同一种色调的玻璃碎片均匀地贴上去，直到看不见墙体本来的浅灰色"。

1933 年萨尔瓦多·达利（Salvador Dalí）看到巴特罗公寓的图纸时，这样评价："他就这样开始建筑这座非常适合居住的公寓了（非但如此，在我看来简直是秀色可餐）。湖面上倒映着黄昏时分的云彩，整件作品将自然主义和视觉错位发挥到了极致。我公开表明这是一项宏伟的计划，将会客厅兰波式地淹没在湖的尽头。"左上图是公寓屋脊的近观图。

1904 年，一位名叫何塞·巴特罗·卡萨诺巴斯（José Batlló i Casanovas）的富有实业家请高迪来修造这座房子。实际上，高迪并不需要修建一座房屋，而只需将这座建于 1870 年的老房屋修葺一番，他的任务只是将其扩建并使其现代化一些罢了，具体来说就是增加两层楼，改造房屋正面的装饰以及位于二层的房主房间的内部装修。然而，就是这几样简单的翻修竟使这幢房子脱胎换骨，的确让人惊叹。巴

特罗公寓的新颖之处无疑在于正面欢快活泼的彩色装饰，与周围建筑的颜色形成了鲜明对比，就连卡达法尔克（Josep Puig i Cadafalch，1867—1956）修建的有名的阿玛特勒公寓（Casa Amatler）也无法与之媲美。那些彩色的碎片在阳光下熠熠生辉，还有屋顶上的彩釉瓦片，看上去就像童话中鲱鱼身上七彩的鳞片和背脊。

"这座房子就像是从格林童话《汉塞和格莱特》（Hansel et Gretel）里钻出来的！"一位路经巴塞罗那的英国建筑师如此赞叹说。这句恭维让高迪十分高兴。

此外，与屋脊相似的波浪形线条还出现在门窗侧壁、阳台和用于克山（Montjuich）上的石块制成的窗户中梃上。当然，这些曲线也带来了问题——底层的柱子朝着街道方向凸出了 60 厘米，以至于招来了路政管理部门的批评。凸出的部分看上去并不像是从正面贴上去的，而像是冲破了彩色的

高迪曾多次批评传统建筑学，他认为传统建筑学"错误地把支撑结构和承重结构划分开来，这使得柱子与圆拱或过梁之间产生了断裂感，人们以为可以通过装饰物来减轻断裂感，例如花式柱头、托架、楣窗等"。然而在巴特罗公寓中（上图和左图），正面的各个部分紧密结合，相互联系并融为一体，再也不是一个个单独的结构。它们有着统一的节奏感，形成了鲜明的特色。

皮肤从内部鼓出来的。这些结构的形状别出心裁，令人浮想联翩。它们似乎来自千古沉睡的地下世界，但它们那种流畅、灵动甚至可以说柔软的线条，更多的则是让人想起与人类生命息息相关的内脏器官。

巴特罗的私人房间与公寓正面的节奏感非常一致，起伏有致的线条似乎是由表面深入到房屋内部，但又像是从房屋内部扩散到表面一样。

这些线条在屋内按照细胞世界的法则不断延伸，使一间连着一间的房间看上去就像是分化出的一个个有机细胞一样。

与屋顶上巨龙背脊的曲线相似的线条又出现在从底层通往房主房间的楼梯扶手上。在这个世界里，完全看不到横平竖直的线条或整齐的平面。天花板和墙面都起伏不平，木板和一道道隔门也由曲面构成。在对卡尔维公寓的专业家具进行研究的基础上，巴特罗公寓客厅和餐厅的家具均

在巴特罗的房间里，天花板上的石膏装饰似乎是熔化了的石膏从上一层渗下来的，流经之处留下了一道道皱褶、波纹或旋涡，最后沿着木质的护壁板和房门向下流淌。米拉公寓的天花板则更是精雕细琢，到处可见各式各样张开大嘴的怪兽。

按照人体工程学的原理设计而成。家具的各个平面都带有轻微的倾斜度，家具表面也全都是不易察觉的凹面或凸面。因此，房间的座椅能让人情不自禁地想坐在上面，座椅的形状与人体的形状完全吻合。这里的木头与拱廊的石料、公寓正面的石柱一样，似乎都在熔化的那一瞬间被凝固了。不论是在护墙板、门框或是窗户上，都看不到直线的踪影，这是为了与墙面的凹凸起伏步调一致，并在整个内部空间中相互呼应。房间里有好几处像有一股离心力穿堂而过，例如客厅的天花板上装饰着深深的旋涡图案，就像被一阵飓风牢牢吸住。高迪一定还记得他的助手雕刻家约瑟夫·利莫纳（Josep Llimona，1864—1934）的话，里默纳评价说："这些物件就像蘸上了面糊一样，让人看上去觉得它们是悬在空中或是沉浸在迷雾之中。"

由于有当时拍摄的照片（第60页图和第62页上图），所以我们不难想象出高迪为巴特罗设计的房间是什么样的氛围。然而对卡尔维公寓我们却一无所知，对古埃尔宫我们也知之甚少，对于米拉公寓我们也只有一些与施工相关的资料。我们如今看到的米拉公寓内景都只是后来米拉夫人把当初高迪设计的家具（第63页下图）换成仿古家具，把座椅也换成带有复古图案的绒布座椅后才拍摄的（第62页下图）。

高迪为巴特罗公寓设计的门框、窗框和座椅都极具匠心，能让人情不自禁地伸手触摸椅子的扶手，触摸门窗、座椅靠背和柱带的表面，以感受那些微微弯曲的线条和难以察觉的凹面或凸面。因此，高迪对巴特罗公寓的设计与古埃尔公园有着千丝万缕的联系。此外，巴特罗公寓里家具的某些细节，例如餐厅座椅靠背的突出部分，让人觉得这一切都来自于地下世界，就像是一件件化石。在一张七座长椅上方有一面镜子，高迪将它用细木条隔开，镜子的分隔与对面的窗棂、右边的门框和餐厅一角的玻璃橱柜和谐一致。这一切如同在风蚀和水蚀作用下的地理形态，但同时高迪的设计又极好地符合了人体工程学的原理。第 62 页的两幅图自上而下分别是巴特罗公寓和米拉公寓的内景。

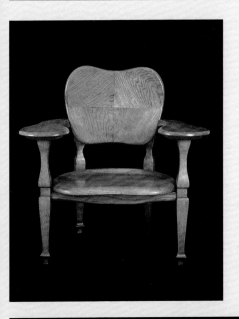

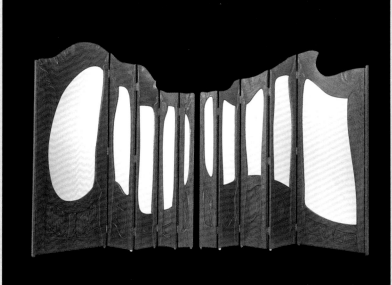

一座为纪念圣母而建的流水形建筑

几年之后，高迪开始着手为两位瓷器制造商米拉·坎波斯（Milà i Camps）和罗塞·塞吉蒙（Roser Segimón）设计一座住宅楼工程，此时高迪建筑中的波浪形节奏已达到极高的境界，这幢住宅楼也因此成了举世无双的杰作。

在这件艺术品中处处可见建筑师的精巧构思，例如随着楼层的增加，采光井逐渐增大等。然而高迪的所有努力都是为了让整幢楼房看上去像是一个巨大的用柔软的黏土精雕细刻而成的雕塑作品。

共和党的报纸上常常会出现关于高迪的漫画。在这一幅漫画中，高迪在巴塞罗那大主教慈祥的目光下正将一尊圣母玛利亚的塑像搬往米拉公寓的屋顶。下图是胡安·马塔马拉（Joan Matamala）画的米拉公寓，这幅画也招来了不少嘲讽："像一匹没有主人的特洛伊马""像海底的洞穴""像是齐柏林飞艇的停车库"。1910年乔治·克莱蒙梭（Georges Clemenceau）路过巴塞罗那时写道："这里简直就是一个恐龙窝。"

高迪极大地改变了当地的环境，他使两条街道交会处的拐角完全消失了。高迪在此建造的房屋是浑然一体的圆形，波浪形的表面似乎一气呵成，连成一片。

这里高迪没有使用彩色装饰，而只采用了单一的材料——一种呈乳白色的石料，因此人们给米拉公寓起了个绰号，叫"采石场"。从建筑图纸上看，这座建筑的确枯燥无味，就像巴塞罗那以北二十公里处的圣·米格尔·德·菲埃（San Miguel de Fay）大岩石。其实高迪对圣·米格尔大岩石一带非常熟悉，好几次在不经意间流露出来。比如，有一次高迪与画家卡尔莱斯（Carlès）谈到米拉公寓的屋顶时，年轻的画家问："您为什么要在屋面上建造波浪形结构呢？"高迪回答说："因为波浪形与我们在这里能看到的科勒塞洛拉（Collcerola）山和迪比达博（Tibidabo）山的形状最相称。"

"我把这件作品想象成是为纪念罗塞尔（Rosaire）圣母的建筑，因为巴塞罗那缺少的正是纪念性建筑。"根据建筑师胡安·巴塞哥达（Joan Bassegoda）的回忆，那些用于装点阳台的精美铁艺都是由巴蒂亚（Badia）兄弟按照第四层中央阳台上的铁艺样式制作的，而第四层中央阳台上的铁艺样式又是在高迪的亲自指导下完成的。这正好反驳了几位历史学家的观点，他们认为在建造米拉公寓的过程中，一位叫约瑟夫·玛丽亚·于约尔（Josep Maria Jujol）的建筑师的参与起了决定性作用。

今天的人们被这座充满着大地力量的建筑所震撼，并不断地将它与矿物世界、海洋世界及植物世界做比较，把高迪看作巨人泰坦或理查·瓦格纳的后继者！

值得一提的是，这座建筑原本是为了纪念圣母玛利亚而建的，因此正面屋顶本应有圣母的雕像。其实，一名叫卡洛斯·马尼（Carlos Mani，1866—1911）的雕塑家已经画好了一幅圣母怀抱着圣子耶稣的雕塑草图。而且按照计划，这座雕像将由石头、包金金属和水晶雕刻而成。然而有了这座雕像，整个建筑的意义就会发生

细微的变化。由于它的波浪造型随着楼层的增加而减弱，这就可以解释为地中海的波涛在圣母的脚下平息了。1909年7月发生了几起反对教权的动乱，有50多座宗教建筑被烧毁。米拉公寓的投资者决定放弃圣母雕像，就连公寓正面两侧的小尖塔也被取消了，因为它们也被认为与圣母有关。

　　这一切使高迪十分失望，他从此对米拉公寓失去了兴趣。他把工程的领导权交给了他的一位合作者，一名叫约瑟夫·玛丽亚·于约尔（1879—1949）的年轻建筑师。从那以后，高迪把他的全部智慧和对基督教的情感投入到了一项他已经为之工作了二十多年但毕生也未能完成的事业之中，这就是神圣家族大教堂。

米拉公寓的屋顶露台（左上图和上图）无疑是高迪创作的最具梦幻色彩的空间之一。然而这种梦幻中包含着强烈的不安全感。露台的形状像一条巡逻道，地面高低不平，没有护栏，围绕着两个内院蜿蜒前行，露台上四处耸立着形状神秘甚至令人不安的烟囱或通风口，看上去像是戴着头盔的人。左下图是圆形内院第二层的入口。

高迪把全部身心都投入到了神圣家族大教堂的建设之中，他也从此开始了崭新的哥特式风格的建筑生涯。高迪一方面非常欣赏哥特式建筑，另一方面又认为它只是一种形式上的艺术。他说："征服三个世纪的建筑对一个人来说意味着极其浩繁的工作，但尝试一下却未尝不可。"

第五章
地中海的哥特式古希腊神庙

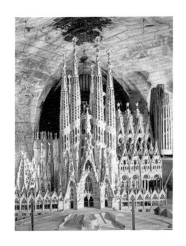

神圣家族大教堂的建筑设计在施工过程中被不断改动，甚至在高迪生前就一直未停止过修改。例如教堂的正面原本设计了许多哥特式尖塔，正如这张目前陈列在教堂地下室里的设计图（右图）一样，但后来也改变了计划。左图是教堂1960年左右的正面照片。

1883 年秋天，在工程助理马托雷尔的提议下，高迪接受了主持修建大教堂的工作。这座教堂的兴建应当归功于一个人。1865 年夏天的天花流行之后，图书出版销售商约瑟夫·玛丽亚·博卡贝拉（Josep Maria Bocabella）建立了一个在加泰罗尼亚保护神——圣人约瑟夫庇护之下的组织：圣何塞协会（l'Asociación Espiritual de Devotos de San José）。罗马教廷举行朝圣时决定在巴塞罗那修建

一座纪念神圣家族的教堂。1881 年筹集好了资金，在城市扩建区买下了一块地方，并请该教区的建筑师保拉·维拉尔进行设计。于是维拉尔设计了一座新哥特式风格的教堂，并于 1882 年圣人约瑟夫的纪念日那一天为教堂举行了奠基仪式。几个月之后，地下室就已初具雏形，一根根石柱也拔地而起。然而，就在这时，维拉尔却因为与马托雷尔之间的矛盾而辞职了。

全身心地投入

高迪立即带着满腔热情投入到工作中。在他看来，这正是用艺术，尤其是用他的个人艺术为宗教效劳的良

1905 年，诗人胡安·马拉加利（Joan Maragall）把神圣家族大教堂的兴建描述为："一座古老的城市里，在一家昏暗的书店尽头有一位非常谦逊而又踌躇满志的人，他要依靠微不足道的施舍修建一座新的教堂，并且这项伟大的工程已经在城郊那片荒芜的土地上动工了。"这段话指的就是图书出版销售商博卡贝拉——上图是由亚历克斯·克拉佩（Aleix Clapés）所作的肖像。他从 1869 年起出版一本介绍大教堂的图书。到神圣家族大教堂参观的人络绎不绝，有王室成员、贵族、宗教界和政界的显贵以及大学生，高迪一一向他们介绍了这座尚未完工的建筑。左图是 1915 年 7 月高迪与西班牙教廷大使拉格内西（Ragonesi）红衣主教以及巴塞罗那主教交谈的照片。

机。人们甚至会问，是不是主持修建教堂的工作唤醒了沉睡在高迪内心的基督教徒的热忱，并把他变成了一个名副其实的苦行僧，在他生命的最后几年里，除了建筑以外，他几乎完全与尘世隔绝。许多高级神职人员，包括恩里克·多索（Enrique d'Ossó）主教和阿斯托加主教，都曾来此参观，再加上来自家庭的压力，教堂的修建工程便加快了。此时高迪已经步入了40岁，他断言："没有宗教信仰的人在精神上是脆弱的，是不健全的人。"

高迪首先花了四年时间用于教堂地下室的修建，在这期间，他完全改变了维拉尔的建筑设计，与后者相比，高迪的设计没有那么刻板。遵照传统，维拉尔将地下室建在中殿内司祭席后的正下方，因此地下室的形状也与中殿后半部相同。要进入地下室就得通过一道宽度与中殿相当的台阶。而高迪又做了什么呢？他只不过使教堂地下室的朝向与整个教堂的朝向相反，并用五个祭堂代替了大台阶，正中的那个祭堂内安放着主祭台。此外他还加高了拱顶，重新彩绘了圆柱，还在地下室的周围挖出一条沟渠，以便从外部观察墙壁和拱肋的建设进度。至于由高迪的助手，建筑师胡安·罗比欧·贝尔维（Joan Rubió i Bellver, 1870—1952）绘制的设计平面图，则直到1917年才出版。其实设计图早在19世纪90年代就已确定下来了，整个教堂平面图呈拉丁十字形，包括五个殿堂，其中最大的一个长90米，宽15米，高45米。此外还有一间半圆形后殿，由此可以通往各个祭堂和一间30米宽的耳堂。在耳堂的交叉甬道处还设计了一座高达170米的钟楼。

神圣家族大教堂的第一张完整的平面图是直到1917年才发表在《圣约瑟协会宣传册》（Propagador de la Devoción de San José）上。12年后，即高迪去世3年之后，人们才从他的最后几张草图，尤其是那张在他的指导下完成的大幅画稿中整理

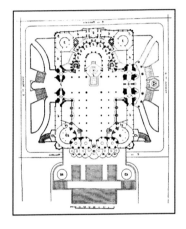

出教堂最终的平面图。这张图纸符合了维奥莱-勒-杜克推崇的新哥特式风格的式样。林立的石柱，抛物线形的拱顶，耳堂及神父住宅上方那令人眩晕的穹顶，还有耶稣、圣母玛利亚及各位福音传道士的雕像，这一切使新哥特式建筑中常有的刻板之气消失得无影无踪。

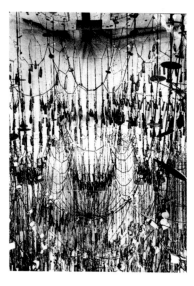 

一种新的建筑平衡

据贝戈尔所言，高迪花了十几年时间才解决了大殿墙壁的难题。为了研究并调整墙壁的结构，高迪用石膏做了模型，有的模型甚至是倒挂着的，这样做是为了确认它们是否上下一致，这就是所谓爱玛仕原则。维奥莱－勒－杜克曾详细研究过哥特式建筑，高迪本人也十分欣赏并对此了如指掌。然而他并不是像维拉尔那样从哥特式风格中获取灵感，而是通过人们见所未见的形式和全新的技术重新赋予建筑以活力。因此高迪放弃了形式夸张而壮观的扶垛和拱扶垛，尽管二者的推力可以防止大殿的坍塌。高迪说："传统的哥特式框架已经没有生命力了，这种结构就像一副不堪重负的骨架，不仅没能把肢体的各部分和谐地连接起来，反而处处需要拐杖的支撑。"这样，对柱子的研究持续了好几年，结果是所有的外侧扶垛都被建在内部的阶梯代替了，这些阶梯的作用是相同的。非连续的拱弧被一道道

尽管高迪并不十分重视18世纪意大利物理学家波莱尼（Poleni）的理论，但他却在制作古埃尔住宅区教堂的模型时运用了波莱尼的理论。教堂穹顶的力线和支撑穹顶的石柱的倾斜度都用细绳表示出来。顶上还悬挂了一个灌满铅的口袋用以表示建筑顶部应承受的重量。这个模型如今已不复存在，但其照片却由高迪的一名助手桑特·维拉鲁比亚（Vicente Villarubias）保存了下来。高迪正是在这个模型的基础上完成了上面这幅水彩画中的建筑。

抛物线形拱弧所代替，这些拱弧都从倾斜的柱体中延伸出来。二者结合就能支撑起巨大的穹顶。这样做的结果就是从外观上来看建筑物的侧面更加平整，同时也便于建造向内缩进的钟楼。如此一来便显著增加了整座建筑的直立感。此外，与通常的圆柱体石柱不同，带有螺旋形纹饰的石柱虽是静态之物，却能与整体的活泼气氛相得益彰。

在高迪看来，正是这些条纹"赋予了石柱生命，使它更加挺拔，使它从沉睡中苏醒过来，有了属于自己的生活"。支撑穹顶的石柱在穹顶的起点处如树枝一样分叉开来，这样就有了双重的效果：从视觉效果上看，顶部的空间被巧妙地分成了小块；从技术角度看来，则是有效地分担了重量。神圣家族大教堂内部给人的感觉就像是一片广袤而茂密的乔木林，石柱间的空隙使光线均匀地分散开来，这片乔木林立刻就生动了起来。然而这光线又是神秘的，让人看不清它的来路。

内涵丰富的雕刻艺术

高迪把神圣家族大教堂设计成一座三面的建筑：东面代表耶稣诞生，南面代表耶稣周围的光环，西面代表耶稣受难。教堂的每一面都计划建造一座由三扇小门组成的大门，大门上还有四座小塔，两座一组，这就是钟楼了。高迪去世时只完成了东面大门除尖塔外的部分，而那一面的尖塔是在高迪去世后由他的助手们在很短的时间内完成的。

制作模型的工作间位于神圣家族大教堂的地下室里，众多模型中最壮观的一件就是1910年在巴黎展出的那件彩色模型，当时高迪应"全国美术展"之邀前往巴黎。上图中的模型是1925年制作的，展现的是教堂的一个侧殿。我们不能不想起高迪关于这些殿堂所说的一句话："的确如同置身于树林之中。"石柱透出一种向上生长并维持平衡的力量，正如一棵棵树木一样。

由于这一面朝向东北，清晨当它被曙光照亮时便象征着耶稣降生人世。高迪的设计在这里体现了耶稣的诞生和童年，中间那扇门代表着美德，右边的那扇代表着诚信，左边的那扇代表着希望。当时留下来的许多照片准确地告诉我们高迪是怎样雕琢装点这些大门的。就工程的浩大和形式上必须达到

的协调性而言，装饰大门的确是一件需要智慧、经验、创造力和技巧的事。

　　高迪使用的方法是摄影和制作模型。说到摄影，值得一提的是高迪的一位助手——绘图师理卡多·奥比索（Ricardo Opisso），这位绘图师是毕加索年轻时的朋友，他收集了1892年至1900年之间拍摄的照片并组成了影集。至于模型，高迪用活着或死去的动物、植物或者物品来制作，有时候他也比照着铁质的或黄铜的模特来制作模型，这样会比活物更易于驾驭，至少它们不像活生生的动物那样难于驯服。无论如何，活体模特对高迪帮助很大。

　　当做出的模型不能使高迪完全满意或者当高迪想深入地研究某个特定的造型时，他就会求助于雕刻师罗伦佐·马

1906年，位于东面大门处（右上图）的还只是些石膏模型，高迪这样做是为了检验由于雕塑与地面之间的距离而产生的形变，以便对真正的雕塑进行修改。1878年高迪写道："雕塑必须要被放置在最佳观赏位置上，否则就会显得过于模期而影响整体效果。"上左图是耶稣受难那一面大门的设计图，这幅图是在高迪遭遇车祸后不久被发现的。

塔马拉（Lorenzo Matamala）的儿子约翰·马塔马拉（Joan Matamala），请他弄来一副真人骨架。雕刻师马塔马拉在教堂东门的建筑中立下了汗马功劳。在神圣家族大教堂的建筑中，雕塑与设计一样，其首要问题是结构。很显然，这些繁复的雕塑工作，目的并不在于精确地把现实重现，而在于准确地理解隐身于现实之后的、不易察觉的机理和动力。

高迪去世后，这些模型主要由多门内克·苏格拉内（Domènec Sugranes）保管，然而不幸的是，高迪的合作者们精心保存的模型如今已不复存在了。高迪在亲人朋友相继离世的悲痛中把自己的卧室安置在大教堂的工作室中。然而，在1936年7月20日，西班牙内战中的一天，神圣家族大教堂的一间间工作室却遭到了抢劫并被焚毁。除马塔马拉及时

高迪探索雕塑与他探索建筑的方法一样，同样也用了好几年时间。他把自己的办公室（第76—77页）安置在教堂的工地上。他还拥有一个储藏室（第78—79页，拍摄于1917年），其中存放着精心编号的模型，这些模型都是为建造教堂大门而制作的。最引人注目的是横梁上挂着的一排婴儿的模型，它们都是由罗伦佐·马塔马拉根据圣克鲁斯的死婴制作的。除此以外，他还根据植物、动物或人类制作模型。绘图师理卡多·奥比索当时只有25岁，有一次，雕塑师说服他去做一个送信天使的模型，他记录道："我脱去衣服，只剩下短裤，高迪命令我摆出他想要的姿势，然后雕塑师罗伦佐·马塔马拉就往我身上涂抹石膏，我立刻就感到一阵翻肠般的剧痛，这让我晕了过去。"

带走的照片以外，其余的所有模型和资料都失踪了，东面大门的许多雕塑，尤其是正中拱门上的天使雕像也遭到破坏。高迪曾于1926年6月12日被安葬在教堂的地下室中。然而，这一次，他的坟墓也未能幸免于难。教堂大门上的四座尖塔得以幸存，则是多亏了一名机智的加泰罗尼亚卫兵，否则它们也早被暴民们炸毁了。

财政困难

这项巨大的工程不能在高迪的有生之年完成，其缘由或许不是因为时间不够，而是在于资金匮乏。资金的匮乏常常让建筑师的友人们感到愤慨。作家胡安·玛拉加尔就曾四次撰文为神圣家族大教堂大声疾呼，其中有一篇于1905年发表在《巴塞罗那日报》的专栏上。该文着重影射了工程所遭遇到的财政困难："一个古罗马人以拥有其公民身份为荣，同样，我也常常因为自己是一个巴塞罗那人而

多亏了奥比索收集的资料，人们才得以了解高迪是怎样为东门石柱上那些吹喇叭的天使

（右图）找到模特的。一次，一群正在学习吹号的年轻新兵打扰了高迪与一位主教的谈话，他走过去让他们安静下来，然而士兵们做出一个诙谐的动作拒绝了他，直到主教出面他们才安静下来。然后"高迪就凭借三寸不烂之舌说服了他们摆出天使的造型"

感到骄傲；但有时却会为此而感到耻辱，现在便是这种情况。我从神圣家族大教堂的设计者高迪那里得知该工程的资金已全部耗尽，项目捐款也越来越少……神圣家族大教堂象征着巴塞罗那的加泰罗尼亚特性，象征着崇高而永恒的虔诚，它凝结着升华的欲望，也描绘着众生的灵魂……假若哪一天这项工程真的因为缺乏资金而停工了的话，那么对于巴塞罗那，对于整个加泰罗尼亚而言，都将是极其悲惨的一日。这要比公路上爆炸了一颗炸弹或者上百家工厂倒闭更为严重。"

　　于是高迪只得向其亲友求助，他不断请求他们给予施舍。到后来，有些人一看到高迪向自己走来便扭头而去。尽管高迪得到了少量的资金，但是到"一战"前夕，项目赤字已经上升到了3万比塞塔。"一战"的爆发也几乎置工程于死地，当时剩下的工匠加在一起，也不过六七人而已。

上图为一张高迪的讽刺画，刊发于他去世的那一年。车祸后人们将他救起，但因他衣衫褴褛，不修边幅，竟被当成了一个流浪汉。

　　在博卡贝拉辞世三年之后，神圣家族大教堂建设委员会终于在1895年成立，其创办者是巴塞罗那大主教。该委员会曾建议高迪造出一个大教堂的精准模型来。因为当时高迪已经年过六旬，如果他突然去世的话，人们就可以按照这个模型来继续这项工程。虽然这样的建议有些不太礼貌，可事实证明，这的确是一个极有远见的主张。教堂的半圆形后殿、甬道的圆形屋顶、所有的圣器室、整座耶稣诞生立面和光荣立面的上部都是按照这个模型建造出来的。后来光荣立面在 1936 年的大火中遭到损坏。西班牙内战后，工程重新启动，但是进展非常缓慢，原因依旧是缺乏资金。直到 1985 年，若尔迪·博内（Jordi Bonet）被任命为总负责人，这时工程前进的脚步才有所加快。

"他从不重复运用同一种元素"
（理查德·波菲尔）

　　神圣家族大教堂占据了高迪的整个生命，可是他还要同时照顾其他建筑的进展，这的确不是一件容易的事。按照某些专家的观点，高迪其他的所有作品，都是为了给他在神圣家族大教堂那里碰到的问题寻求解决之道。不论这种观点正确与否，大教堂与其他建筑之间都存在着大量的共同点，这一点是毋庸置疑的。我们只消举出两个没有争议的例子来，便足以说明问题：一个是古埃尔住宅区的教堂，它是高迪所建造的唯一带有地下室的教堂；另一个则还停留在图纸阶段，是一座曾计划在纽约建造的宾馆。

　　1890 年，欧塞比·古埃尔在位于巴塞罗那以西数公里处的圣·科洛纳·德·塞尔维罗（Santa Colonna de Cervelló）建造了一家专门生产天鹅绒的工厂。1892 年，他在工厂周围建起来一个小村子，名叫"古埃尔住宅区"（Colonie Güell）。1898 年，他又委托高迪为这片工人住宅区增添一座教堂。该教堂直到 1918 年他去世时尚未完工。接受委托之后，高迪与弗朗西斯科·贝朗格（Francesc Berenguer，1866—1914）合作，历经十载，终于完成了教堂的设计

　　20 世纪 20 年代初从空中拍摄的这张照片将神圣家族大教堂的宏大规模凸显出来，也展现出大教堂与灵山和奇迹山的主题之间存在着密切的联系。巴塞罗那的居民，包括博卡贝拉，为了免遭伤寒的侵袭，曾于 1870 年躲避于蒙塞拉山（Montserrat）。此山上现有一座圣母教堂。大教堂对山的象征意义，诗人玛拉加尔曾在其《巴塞罗那新颂》中详细阐述。

1936 年 7 月的火灾（下图）之后，市政厅向建筑师博内·卡利（Boneti Gari）提供了大量的劳动力，以便找回工作室中那些石膏模型的残骸。内战结束后，重建大教堂地下室的工程在高迪的继任者弗朗西斯科·德·金塔拉（Francesc de P. Quintara）的指挥下启动。事故之前，按照欧塞比·古埃尔之孙贝特朗·古埃尔（Bertran Güell）的提议，曾有上百万比塞塔的资金被存放在一家伦敦银行中，现在这笔钱也派上了用场。1938 年，多门内克·苏格拉内在绝望中离开了人世。如今，人们依然在大教堂的地下室中做着弥撒。

模型。贝朗格在这座教堂的设计中做出了巨大的贡献。他去世时，高迪自称如断右臂。在这个模型中，拱门和穹顶的轮廓及各种立柱的斜度都用极细的绳子表示出来。细绳上又悬有铅袋，以代表所要承受的重量。因为教堂的抛物线形拱要求直接支撑在倾斜的立柱上，这就给高迪提出了一个难题，设计此模型的目的也正是要寻求其解决之道。这个模型诞生在神圣家族大教堂的工作室中，只是在修建地下室时才起到了作用。它的中央有一个单独的砖砌拱顶，支撑在四根倾斜的玄武岩石柱上。支

撑着这个拱顶的还有一面墙壁，它同时充当着教堂的后殿。教堂四周的回廊呈"U"形，它朝外开口，且紧紧贴着地下室的轮廓线。这个回廊一共由十一根倾斜的立柱构成，它们的形态和结构各不相同，随机地排布着，完全融入在周围的松林中。至此，抛物线形拱所带来的技术问题已迎刃而解，高迪在神圣家族大教堂内采用的也是这种布局。

1908 年，两位纽约金融家找到高迪，委托他建造一座宾馆。对于这座建筑，我们所掌握的资料不过是几张草图。从图纸上看来，它与古埃尔住宅区教堂的地下室极为相似，但也有米拉公寓所呈现出的波浪形外观，以及神圣家族大教堂的抛物线状钟楼所具备的垂直度。按照计划，这座宾馆将建造于曼哈顿外围，并且将选址在几座公园簇拥之地。这样，人们远远地就可以望见它。

在贝朗格和马塔马拉的协助下，高迪设计出了一座高达 310 米的大楼。换句话说，它比埃菲尔铁塔稍高一点，又比 20 多年后建造的帝国大厦稍矮一点。主楼和分布于两侧的配楼共有 11 幢，它们都具有抛物线形的轮廓。除几幢小型的配楼外，各幢大楼的外墙还要铺上彩色的大理石做装饰。不铺大理石的配楼外则有别的装饰，就像米拉公寓中的一样。然而，假若高迪去实地察看过这座巨型建筑的施工情况，他一定会即兴考虑采用那些美国的金属构架来做装饰，而它

按照传统，宗教建筑应当建在一地的正中地带，但从这张古埃尔住宅区教堂的图片（上图）上看来，它并不在村子的中央。然而，它却占据着这片住宅区的最高点。想要到达教堂的人，必须要先走一段路，再穿过一座单拱桥，这座桥的拱也是抛物线形的。教堂的规模十分宏伟，这也使其成为了工人们集会的场所，而不是单单为满足人们的精神需要而存在。教堂有好几个相互连接的圆顶，它们排列在中央顶的周围，上面都铺着色彩鲜艳的瓷砖。这些圆顶赋予了教堂独一无二的地位。在该住宅区的各类建筑中，它独占鳌头；与邻近的工业建筑比起来，它也当数第一。左图则是曾计划建于纽约的大型宾馆。

们正是投资方所要求使用的。但很有可能是因为健康方面的原因，他没有成行。

这种布局也为高迪完成神圣家族大教堂的设计模型带来了不少启发。而它本身也从高迪建造大教堂二十多年所积累的丰富经验中汲取了不少灵感。像神圣家族大教堂这般宏大的工程，或许在整个建筑史上也找不出第二个来。它散发出强烈的气息，就像是文学上的史诗一般。

建造古埃尔住宅区的教堂时，高迪给地下室的侧面安上了颜色鲜艳的彩绘玻璃窗，其中有些做成了圆花窗，有些则装饰着一个十字架。窗户的外沿还镶有碎瓷彩釉的装饰带。这些装饰带纹理清丽，与彩绘玻璃和谐地融为一体。高迪曾多次声明，

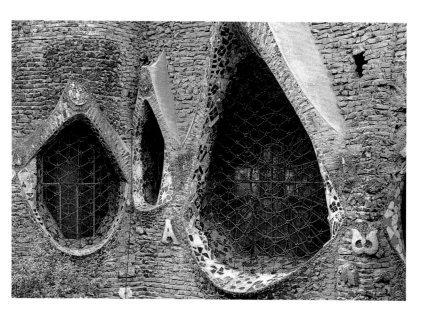

它不正是一部充盈着幻象、满是古代传说和基督教神话的鸿篇史诗吗？这种向往崇高的愿望，高迪似乎早已流露出来，他将自己的作品看成是一座"地中海的哥特式古希腊神庙"。

不论他何时去世，各项工程都不得为此而中断。如今，神圣家族大教堂（见86页）还在缓慢地建造着，而罗马教廷也已经开始了册封高迪为真福品（béatification）的审理程序。

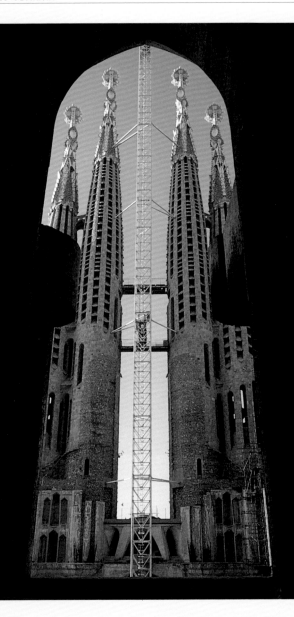

见证与文献

众说纷纭

　　高迪去世之前，研究、评价其作品的人群还只局限于他的本国同胞。尽管当时的艺术类报刊种类丰富，质量上乘，然而高迪的作品在国际评论界却几乎无人知晓。因此，1910年法国国家美术协会于巴黎举行的高迪作品展览会反响甚微，并且，没有哪一位异国建筑师会有兴致为了分析其作品而专门游历一番巴塞罗那。

哲学家与建筑师

　　加泰罗尼亚学者弗朗西斯科·普约尔（Francesc Pujols）于1882年生于巴塞罗那，1962年卒于马尔托雷尔，为百科全论派的创始人。1927年，他在一篇随笔中专门评析了高迪的作品，其解读甚为晦涩，从而也被高迪的诸位门生所一致反对。

巴塞罗那城的大管风琴

　　对于一位如此伟大的建筑师，人们将其誉为石块间的诗人，这实在是恰如其分，其实我们完全有理由再给他冠以音乐家的美称：沉寂幽幽，包孕在建筑物四周；劲风如刀，奇崛地掠过石块和墙壁的尖脊，同时吟唱出超逸的歌声，这歌声与其他建筑物发出的声音截然不同，后者为与高迪同时代的建筑师们所建，然而它们却正在渐渐逝去；还不止这些，还因为他曾宣称设计出了一种中央管状钟系统，该系统只需通过一个键盘操纵，便可让钟声响彻教堂内的所有钟楼，15至20下后，就会形成优美和谐的旋律，不论清晨、中午或是夜晚，这旋律都能够传遍整个巴塞罗那。另外，高迪也可被视作一位雕塑大师：无机世界的题材为建筑所特有，同样，有机世界则为雕塑所独有，然而高迪并不满足于简单借用这种雕塑所独有的有机世界的万千样式，而是将有机性同时从总体和局部两方面赋予其作品，这在他晚期的建筑中尤为明显，我们也已经多次提及。再则，高迪亦可被称为一位绘画巨匠：这不仅是在于此项运用多种彩饰来装点整座教堂的计划，还在于其作品中对各种装饰色彩的巧妙搭配，这也早已为大家所熟知，然而它却营造出如此精致的效果，眼光所及之处，则有入口的糖块，竟纷纷融化了。据说，这位杰出的建筑师一生都对希腊艺术推崇备至——这样的人并不多。他给我们留下了这座神圣家族大教堂，将来有一天，某位马车夫驾着自己的破马车，手持缰绳和马鞭，载着一位游客游玩此地，车夫停下马车，转过身去看见车上坐着的

神圣家族大教堂正等轴测投影图，弗朗西斯科·瓦莱（Francisco Valles）绘制。

游客正凝视着宏伟的大教堂时，他便可以向其讲述："建造这座立面所用的石块全都由人工用铁锤打制而成。"这样的话语，我们自己参观大教堂时也会听到，不论过去、现在或是将来。这座现代式大教堂将其所在地竖琴营（Camp de l'Arpa）的宁谧化为歌声，然而它或许永远都不会竣工。高迪以具体而又颇具象征韵味的语言将这座立面命名为生命之门或诞生之门，此处有公鸡、母鸡的图案，看起来竟像是一座农场的大门，对面的另一座侧面则是死亡之门和教堂的正门——复活之门。高迪的意图表达得是如此明白，它们清晰地呈现在你我眼前，竟像是早就

竣工的，仿佛人们已经可以进进出出了。个中的缘由我们已经说过，也还会再次提及，而且这也是在涉及宗教层次之前，我们必须给现在讨论的艺术层次画上的一个句号——高迪是个天才。他脑子里的东西，一经想出，便已实现。

新艺术的美学表现力

事实上，我们的风格从来就只不过是一种宣传，这种宣传充盈着数年前尤亨尼奥·德奥尔斯（Eugenio d'Ors）所提倡的那种神圣而坚决的要求，它是为我们的科学观念和加泰罗尼亚的根本理想而服务的，不管怎样，现在我们将这种风格搁置一旁，来看看高迪的风格。对于某一以高迪的设计为支撑，并以其怪诞造作的巴洛克式风格为基调而建造的住宅区而言，如果它也与那些街道、广场、大楼和花园一样怪诞、造作，且又属于巴洛克风格——就像古埃尔公园、米拉公寓和神圣家族大教堂那样，那么我们便可以认为它无疑是所有现代住宅区中最具美学价值的。众所周知，从力学和数学的角度来看，现代的住宅区是被当作一件科学作品来建造的，而作为今日之科学时代的住宅区，它们除了遵循传统外，在美学上却毫无新意可言。有些人认为"高迪式"住宅区必定不够美观、不够收敛，已经准备要闭上双眼而对此观点可能使人联想到的艺术层面视而不见。对于这些人，我们则无法明白他们为何会对一个扭曲了建

筑师风格的住宅区大惊小怪，殊不知这扭曲是为了重新觅回美学的基本情感中那活跃、闪亮的本质而来。大家都知道，由于我们在各种刻板的规矩面前裹足不前，拘泥绳墨，上文提及的美学因子便远离我们而去。为了将它重新找回，当今的时代已将诗歌、音乐、绘画和雕塑等艺术悉数改变，而把建筑只交给了高迪。他所要做的，人们在其他四门艺术中都已获得成功，然而那是集体而为，在建筑上，现在则只有他一个人承担使命。

在瓦格纳（Wagner）和塞尚（Cézanne）的时代，这二人革新了自己的音乐和绘画理念，并分别推翻了音乐和绘画艺术中的意大利教条。在音乐大师施特劳斯（Strauss）、斯特拉文斯基（Stravinsky）和绘画巨匠毕加索所处的时代，他们也都曾是改革的先驱。此处我们不再列举他们在诗歌和雕塑领域内的追随者和模仿者，因为在颠覆旧日传统的大潮中，冲锋在前的并不是后面的这两门艺术，率先致力于现代艺术探索的乃是音乐和绘画，诗歌和雕塑只是局限于吸取这二者的教训，借鉴它们的实例。如果在上述的改革时代中，我们任由高迪设计并建造出一处住宅区，然后还觉得它不够自然、没有来由的话，那么这也就意味着即便是在最远古的时代，我们也不会觉得它有多自然。其实，通过对艺术史的了解，我们认识到，在原始人类的热情创造中，艺术作品本就是畸形和怪诞的。我们

确信，是他们自己形成了这种风格，因为他们知识有限。这和现在孩子们稚拙的涂鸦和天真的习作相差无几，因为他们年纪尚幼。这种原始的扭曲虽然来自于无知和愚昧，却具有不凡的美学表现力。而这种表现力恰恰是今日的艺术家们孜孜以求的。他们摧毁一切，毫无怜惜之心，将自己所需的扭曲变形，目的便在于此。并且革新派艺术家们也知道，这种艺术理念不仅不能讨人喜欢，还会在大众中激起强烈的反对，但他们考虑的只是少数洞察力敏锐者，希望他们能被这种自己苦苦寻觅、企求获得且又乐于付出的情感所打动。这部分艺术家中有些人着眼于大处，像瓦格纳、塞尚和高迪等人，他们是古希腊诗人荷马式的开创者和改革家——后者可以称得上是最杰出的古典诗人，其成就让后人无法企及，瓦格纳等人虽然失掉了荷马那无与伦比的和谐，却承袭了这位伟大诗人的高贵和优美。另一部分人则小心翼翼，他们好像是在拿着昆虫的触角梳头或写作，触角是用来触摸现实世界的，这就像人类的感觉器官，它触摸着那直抵灵魂深处的艺术情怀。

在音乐上，瓦格纳、施特劳斯和斯特拉文斯基等人致力于探求新的表现形式，因为古今的艺术互有相似之处，故而他们进行着最严格的提炼，试图回归到原始的艺术理念。前文已经说过，瓦格纳打破了意大利音乐的条条框框，施特劳斯丰富了音高和音品，而斯特拉文斯基则破坏了旋律的和谐，他十分重视对高音的运用，

以期达到沁人肺腑的效果。在绘画上，为了增强此门艺术的生命力，塞尚扭曲了人物和风景的形象，毕加索也是如此。他早年随父母居住在巴塞罗那，但他们并不是加泰罗尼亚人，后来他定居巴黎，并且在那里取得了辉煌的成就。此时的高迪尽管默默无闻，但他也在从事同样的工作，他遵循着现代艺术这一革命性悲剧的节奏，以便再现各民族的基本原则。他没有离开巴塞罗那，且并不认识瓦格纳、施特劳斯或斯特拉文斯基，与塞尚和毕加索也是从未谋面，更不曾结识过什么其他的人物，但他与上述音乐和绘画领域的艺术家们分明是同路人。尽管他们并不知道高迪是何许人也，但他却在做着与这些艺术家们相同的事情。整个加泰罗尼亚地区也是如此，它始终以巴塞罗那为中心，虽从未在现代艺术的国际市场上显山露水，但却一直置身在这个时代的艺术热潮之中。它打理着被别的国家所遗弃的唯一一门艺术。在其他国家，这门艺术的准绳要么是古代的经典传统，要么就是今日建筑学的需要。在现代建筑学中，弯曲一根铁条就像弯曲麦秸一样简单，水泥以前只是用来黏合石块的，如今也已用于石块的生产。

在上文关于艺术的历史及其现代特性的论述之后，我们现在可以得出结论，瓦格纳、塞尚及其他改革先锋在寻求人类基本情感中活跃的美学传统之时，也同时造就了不计其数的改革者。他们日复一日地为 19 至 20 世纪的艺术革命做着准备，慢慢地引导着它，随即我们便看到纯形式

的传统教条被美学本质所战胜。这些传统的条条框框曾使得艺术之树上那些最绿的叶子也变得枯黄不堪，因为当时科学之风从不恩泽于美学革命，但它们在今日这个卓越的科学时代已毫无生机可言。而现代的敏感之光却是如此地具有科学精神，它是已知的全部人类历史中最具科学性的，是它在承担着重建艺术本质的重任。高迪与瓦格纳、塞尚等人不同，他单独一个人在巴塞罗那开始了革命。对于他来说，没有前人可以依靠，因为那些他曾学习并模仿的现代风格和古代风格一样，都不是探寻我们所说的美学本质的风格。这种美学本质也便是 19 至 20 世纪之敏感精神的最高向往，由于艺术作品在科学意义上的死亡，此种向往也就随之而被激起。因此，正如我们可以将加泰罗尼亚定位在一张地图上一样，我们也可以给它在艺术史中找到一个定位。如此，我们便看到这样一个高迪：他总结并完善了前辈艺术家们的辛勤努力，凭借着自己超凡的才华，做到了别的国家、别的艺术领域中的艺术家们所做的一切。

——弗朗西斯科·普约尔，
《高迪的艺术和宗教观》，
1927 年，加泰罗尼亚，巴塞罗那，
由萨尔瓦多·达利译成法文

一位诗人的评价

1910 年至 1914 年间，阿波利奈尔

（Guillaume Apollinaire）曾对高迪发表了两种截然不同的观点。

在建筑上，他们举办了一场高迪作品的大型展览会。但愿法国的建筑师们不要学习这位加泰罗尼亚同行的荒诞和怪异。

高迪的装饰艺术应该是国家美术协会所关注的主题之一，但展出的情况则实在差强人意。

——纪尧姆·阿波利奈尔，
《格朗宫漫步归来》，
载《坚持》报，1910 年 4 月 19 日

安东尼·高迪是一位加泰罗尼亚建筑师，他的建筑改变了整个巴塞罗那的面貌。高迪是最具个性的现代建筑师之一。他提高了平台和各种屋顶装饰在建筑艺术中的地位，并因此给巴塞罗那城带来了一派喧哗热闹的景象，而这种景象在大部分所谓现代建筑中都已经不复存在。

米拉公寓是高迪最为完美、最让人喜爱的作品之一。

因此，有必要好好认识一番高迪。下一次的秋季美术展览会将会迎来最伟大的维也纳建筑师，届时，我们便能够借机了解一下高迪和其他的加泰罗尼亚建筑师，同时还有捷克和美国的建筑师。我想，那些建造摩天大楼的美国人都是法国国家工艺美术学校的学生，学校的教育让他们获益匪浅，我们也应该对他

们加以关注。

——纪尧姆·阿波利奈尔，
载《坚持》报，1914 年 7 月 14 日

1910 年展览会期间刊出的一篇固执的文章

本次展览会展出了巴塞罗那建筑师高迪的许多作品模型，其数量之多，着实令人吃惊。其中一部分是缩小了的复制品，另一部分则与实物同等大小。此外，一同展出的还有不计其数的照片，它们将多项由高迪主持的工程悉数呈现在我们面前。没有哪一位法国建筑师有如此多的作品，这一点毫无疑问。但是，或许这一切并不能称得上是建筑作品！除了少量并不精确的草图和几张所谓稳定度构图外，这里连一块像样的建筑图纸和绘图板都没有，我们能看到的只是一些模型和图片而已……

高迪的大部分作品被陈列在一间专门的展厅中。该展厅有电灯照明，并用一张巨大的门帘挡住入口。这让人立即想到某些博物馆中的小型陈列室，它们仅供男士进入，但是需要另付少量的费用。

还好，国家美术协会不要我们支付额外的费用，我们可以免费参观高迪的展厅。但是，里面即便没有什么淫亵之物，也谈不上有什么太好的东西！展品中有一

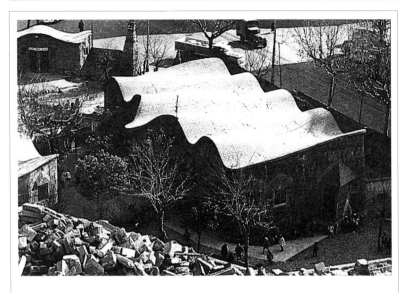

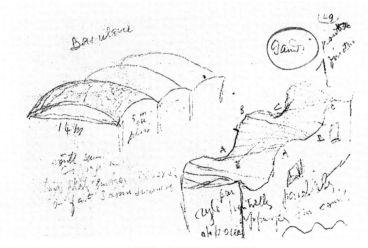

上图是 1909 年至 1910 年间高迪在神圣家族大教堂的围墙内所建的校舍：墙和屋面的外观呈一组连续的正弦形。下图为勒·柯布西耶的一张草图，这张草图见证着他在 1928 年的巴塞罗那之旅中对高迪所产生的浓厚兴趣。

座巴塞罗那的"神圣家族大教堂"的模型，该模型巨大无比，且其彩饰不同寻常，我们便暗自思忖如何才能造得出一座这样的建筑来。可假使有谁要怀疑它的真实性，那些施工照片却又不得不让人消除了怀疑。这是一座达荷美人的建筑吗？当然不是！它充其量只是冷饮商或者糖果商的把戏罢了。我们可以想象某个奇特的部件或许会出现在卡冈都亚（Gargantua）的餐桌上。但是我可不愿品尝！而且在我看来，这些颜色毫无价值可言！

——J. 戈德弗鲁瓦（Godefroy），
《建筑》，法国国家美术协会，
1910 年 7 月 7 日

勒·柯布西耶的赞颂

在 1928 年春天的西班牙之行中，勒·柯布西耶发现了其前辈高迪的作品，有一张图纸可以为证，图纸上画的是神圣家族大教堂堂区的一所学校。

当时我们正向着希捷思（Sitjes）进发，路上的一所现代住宅让我颇为惊奇——这是高迪的作品；回来的路上，经过格斯雅大道（Paseo de Gracia）时，几座大楼又吸引了我的注意力；稍远一点，我又看到了神圣家族大教堂……高迪的所有作品全都出现了！

我自然对它们产生了浓厚的兴趣，并在它们当中找到了 1900 年的珍贵情感。1900 年是我睁开双眼开始看艺术的时候，对于它，我一直保存着一份温和而悲悯的回忆。

作为一个设计了拉罗什公寓（La Roche）、加尔西公寓（Garches）和萨伏伊别墅（Villa Savoye）的建筑师，我的"肥皂箱"理念让朋友们无法理解。

高迪的作品与 1900 年的情感和"肥皂箱"理念相悖？对我来说，这个问题从来就不存在。巴塞罗那的那些建筑实在出自一位大家之手。高迪终身拥有一种特别的力量、一种坚定的信仰，还有一种超群的技术才能。他绘制出睿智的图纸，精细地琢磨着眼前的一砖一石。他也拥有"1900 年的情感"，悉心地构建着他的砖石铁料，如今他的荣誉已遍及整个西班牙。高迪又是一位伟大的艺术家。唯有那些触及人类心灵的东西才永不磨灭，但在漫漫的历史长河中，它们有时也会被粗暴对待，不被人们理解，甚至被世人加以恶名。只有当建筑意图变得崇高，并且火线上的全部困难（结构、经济、技术性和效用）皆因建筑师内心极其充分的准备而被一一化解之时，建筑的意义才显现出来。建筑是一种果实，它为设计师的坚强品格所孕育，更确切地说，它是建筑师人格的一种表现……

——夏尔 – 爱德华·让内雷，
亦称勒·柯布西耶，
节选自《高迪》一书的序言（写于 1957 年），
普利格拉伐出版社，巴塞罗那，1967 年

超现实主义的推崇

　　高迪的作品脱离了纯几何学的束缚，并凭借其想象展现出许多生动自然的形式来。因此也就不必奇怪为何最早为高迪正名的是那些超现实主义者了。

　　1933 年的 12 月，也就是高迪去世七年之后，刚刚发行的《米诺牛》(Minotaure) 杂志上刊发了画家萨尔瓦多·达利（1904—1989）的一篇文章，该文题为《论现代建筑风格惊人的、可食用的美》。在杂志《服务于革命的超现实主义》销声匿迹后，超现实主义运动便失去了其言论的阵地。但没过多久它就又卷土重来，发行人史基拉（Skira）决心要创办一本新的艺术期刊，超现实主义者们则很快占据了该期刊的领导地位。

　　《米诺牛》的优势在于它有稳定的资金保障，这样他们就有了加用图片的可能。达利当然不会放过这样的机会。尽管他的这篇文章题目比较宽泛，但实际上却主要是在竭力推崇两位建筑师：赫克多·吉马尔（Hector Guimard）和安东尼·高迪。经马塞尔·杜尚（Marcel Duchamp，1887—1968）推荐，达利找到了曼·雷（Man Ray，1890—1976）为其文字配注图片。后来人们发现二者的文本和图片互相提携，"配注"这个词说起来反倒不太贴切。事实上，古埃尔公园、巴特罗公寓和米拉公寓的那些照片，在拍摄之前并无任何文字描述。

而且，对细节、照明和取景角度的选择无不显露着摄影师的个人特点，他的眼光在当时的建筑摄影这一专业领域显得非常独特。曼·雷的图片和达利的文字极为相称，它们一同传达着超现实主义的思想，竟让人很难区分谁先谁后了。是摄影师的视角影响了画家的文字吗？我们不禁想起那些养眼的图片来。达利如此评论一处柱廊入口进门的照片："人们通过一些温软的门进入洞穴，它们乃是用小牛肝制成。"此外，柱廊内部被称为是"猛犸象的巨大神经"，平台上那张碎瓷彩釉的长凳用"极纤细的喉部神经、色彩纷繁且微微起伏"这样的字句来形容。在达利眼中，米拉公寓的立面就像是"海浪的化石"，一座阳台是它"锻铁质地的泡沫"。还有，巴特罗公寓的筋骨是凸露在外的。抑或是相反，摄影师的镜头是在为画家的思想提供最忠诚的表达工具？很难说清。不论如何，《米诺牛》上的这些珍贵的篇章都见证着新艺术和超现实主义的亲近。也是在 1933 年 12 月的这一期杂志上，布勒东（André Breton）发表了一篇题为《自动信息》的文章。他在该文中介绍了几幅通灵派的图片，并且论述了上面所说的这一亲近："两种表达方式之间有更加相似的趋势，这一点谁都看得出来。那我不禁要问一问什么是现代风格？若不是通灵派的素描、绘画和雕塑这些动态或静态艺术中的推广和适应的意图，那它还能是什么？"数年后，这种相似性在纽约大都会艺术博物馆中变得更加分明。1936年，该馆馆长阿尔弗雷德·巴尔（Alfred H. Barr）举办了一场名为"魔幻艺术、达达主义和超现实主义"的展览会，此次展览会展出了许多新艺术的作品。超现实主义者们过早地确认了这一层关系，他们再回首时，便已经是30年后了，此时新艺术终于为艺术史家们所正式承认，但他们尚未完全消除疑虑。1960年10月，一场名为"20世纪的各种源泉"的展览会在巴黎的国立现代艺术博物馆举行，它促进了人们对于新艺术的研究，但奇怪的是，组织者让·卡苏（Jean Cassou，1897—1986）居然将超现实主义遗忘在一旁。因此，超现实主义者们有必要做出反应。罗歇－亨利·盖朗（Roger-Henri Guerrand）的著作《欧洲的新艺术》随即问世，这本书尽管早已完成，但直到1965年才正式出版。作者在关于高迪的一章中提到了达利对高迪的论述，并请路易·阿拉贡（Louis Aragon，1897—1982）为其书作序。阿拉贡肯定了超现实主义者们为新艺术所做的贡献，也承认了达利的先驱地位，并称之为新艺术的"施洗者

达利头上的光环是古埃尔公园多柱式厅的天花板上的一处圆形雕饰。

约翰"。而达利本人则继续阐释着高迪的艺术。1968年他为罗贝尔·德夏尔内（Robert Descharnes）的新书《高迪的宗教和艺术视界》作序，书中那些非凡的图片全部由克洛维斯·普雷沃（Clovis Prévost）配注。达利在其所作的序言中列出了一长串名单，在列者不仅难以达到甚至根本无法理解这位加泰罗尼亚建筑师的超绝才情："没有看到战斗精神的人，还未触到装饰热情的骨骼结构与鲜活血肉的人，不能听见那绚烂的颜色在尖声而歌、管风琴组合在奏着优美的复调、演变中的装饰自然主义在自我撞击的人，不曾尝过那最具创造性的苦涩滋味的人，还有那些尚未闻到圣洁之香的人。"

从1928年起，达利开始形成一种他称之为"偏执狂临界状态"的方法，这种创作方法与他对高迪作品的欣赏相

吻合。该法是指在自身激起狂热，然后将它表达出来，但不向其妥协。艺术家的想象必须一直处于一种过度兴奋的状态。而且思维经历的是一个积极的过程，这与同样为超现实主义者们所采用的"自动书写"不同，后者从本质上来说是消极的。达利拒绝沉陷于手的自动作用中，而是按自身的意愿来激发主观意象的形成和出现。当这种意象自己显露出来时，艺术家便应该将其定格。和布勒东一样，达利也看到了新艺术作品和超现实主义作品之间的相似性，但达利并不将这种相似性局限于一种自动表现的产物，而是授予其更为广阔的空间。偏执狂临界状态到底产生了什么？产生了一些萦绕于脑海的意象，它们形象各异，构成了"实在欲望的真正成果"（出自《烂驴》一文，《服务于革命的超现实主义》第 1 期，1930 年 7 月），达利将这些成果命名为"幻象"："偏执狂思想可能会突然产生的新幻象不仅来源于无意识，而且也可能来自于偏执狂本身的力量。偏执狂借助于外部世界以实现萦绕观念的价值，它搅扰人心的特点能使得该观念的真实性也为其他观念所具备。"

因此，偏执狂现象与梦境十分相似。它是达利所提出的理解新艺术建筑的三条途径之一，且特别适用于把握高迪的作品。另两种方法分别是性冲动的升华和童年的神经错乱。这与精神分析学家雅克·拉康（Jacques Lacan，1901—1988）的观点不谋而合。在《米诺牛》的首刊上，拉康发表了一篇文章，名为《存在的偏执狂形式的精神病学特征和概念》，阐明了"欲望或性欲的创造性转移"。另外，弗鲁瓦－韦特曼（Frois-Wittman）的一篇文章也在《米诺牛》上与达利的文章同一期发表。该文叫作《现代艺术与享乐原则》，它无疑为达利的评论大大增添了分量。文中韦特曼认为："艺术家的想象与梦中人、原始人和儿童的思维有紧密的联系。活跃而关键的事实是性欲在外部世界得不到满足及之后的内倾（退化为想象的对象）。"经常有人诋毁高迪的艺术，将其作品诬蔑为糕点商或糖果商的雕虫小技。然而达利从上文所述的标准出发，却认为这种比较完全是有理由的。他说："我再重复一次，

上图为达利的一张"建筑原理简图"，作于画家探究并阐释高迪作品之时。此画的主题是那只无处不在的眼睛，后来它曾再次出现于希区柯克的电影《爱德华大夫》（Spellbound）中那个患失忆症的主人公的梦境，达利于 1945 年应邀为该片设计场景。1969 年，皮埃尔·克拉尔尼科执导根据奥斯卡·王尔德（Oscar Wilde）的作品改编的《莎乐美》一剧，高迪的建筑为该剧充当背景，且于 1975 年又出现在米开朗琪罗·安东尼奥尼的影片《职业：新闻记者》当中。

于米拉公寓屋顶拍摄的旧照片。

这种对比既明晰又睿智。这不仅是因为它体现了即时需要和迫切需要中极强的追求物质享受的平庸性——理想的欲望正是支撑在这种平庸性之上，还因为它在事实上影响着此类建筑的营养性和可食用性——这些建筑恰恰又是最早出现的可食用的房屋，也是最早出现的、唯一的能刺激性欲的建筑，它们的存在证明着多情的想象所迫切需要的'机能'：能够最真实地吃掉欲望的对象。"高迪将大自然中不可捕捉的、处于连续运动中的那些元素再造出来，它们不仅带人进入梦境，也引导人去吃掉它们。达利认为米拉公寓"具有大海的各种外形，展现着暴风雨中的海浪"。而对于巴特罗公寓，他说道："这是一件真正的雕塑。

它是黄昏时的云彩在水中的倒影，因为大量运用了色彩纷繁而鲜艳的碎瓷镶嵌才得以实现。它也是用点彩技法绘出的虹彩，我们还看得见各种形态的水——已散发了的、正在散发的、静止的、熠熠发光的，还有被风吹皱了的。这些形态各异的水形成了一组美妙的图案，虽然并不对称，但每一个瞬间都极具动态。然后它们被那些单线条勾勒的睡莲或白莲以及一股浓重的恐惧感所破碎、切分，然后再交错于一体，直至消融掉。睡莲和白莲是自然主义的，它们以一种古怪的、混杂的、可被消解的方式聚合在一起。恐惧则从那道奇异的立面上涌射出来，这道立面同时被各种荒谬的苦难和潜在的、无比甜美的宁静所扭曲。这宁静又是独一无二的，除了那些极度惊人的图案和随时准备着被用勺子吃掉的墙壁外，再无他物可以与之相比。那把勺子越来越近了，它软绵绵的，流着鲜血，污腻不堪，并且散发着腐肉的味道。"此外，达利在《论现代建筑风格惊人的、可食用的美》的结尾还借鉴了布勒东的那句"美是痉挛的，否则美就不存在"，他说"'同类相食'的超现实主义新时代"，也证实着下面这个结论："美是可食用的，否则美就不存在。"在达利看来，高迪的建筑并不仅仅是与超现实主义的前卫性相渗透。对于"偏执狂临界状态"创作法而言，它既是一种工具，又是一颗最成熟的果实。在高迪所处的时代，它还是反对功用主义建筑（高迪称之为"自我惩罚型建筑"）的一件利器。特里斯坦·查拉（Tristan Tzara，1896—1963）也曾在1933年的《米诺牛》上发表过一篇文章，其观点与达利一致。他写道："'现代建筑'如其所愿般地卫生，且抛弃了一切装饰，但它没有任何存活的机会。凭借某一代人自认为有权形成的一时奸诈，以及不知是为了哪些无意识的罪过而自加的惩罚，它才能勉强维持下去……因为它甚至反对了建筑本身。"查拉还认为，建筑应该如同母体一般，要达到这一点，它就必须实现"物质和情感上的舒适和惬意"（《论审美的一种自动作用》）。要论超现实主义的眼中钉，则勒·柯布西耶（1887—1965）首当其冲。"他是个新教徒，也

是个受虐狂，是'自我惩罚型建筑'的开山鼻祖"（萨尔瓦多·达利，《过时的现代艺术之戴绿帽子的丈夫》，1959年）。因为支持"超现代"建筑的《艺术笔记》发动了一场针对高迪的批判，故而达利发表在《米诺牛》上的文章被认为首先是对这场批判的一次回击。多年之后，他写于1968年的一篇文章被用作德夏尔内的新书序言。在这篇文章中，达利的满意之情表露无遗，一看到克洛维斯的图片，他便感到十分愉快，因为它们实属一流的佳作。并且达利还对其中的一幅偏爱有加，认为它甚至超越了一切最能让新教徒柯布（Corbu）反感的东西。对于勒·柯布西耶于1929年抛出的论断——"高迪是巴塞罗那的奇耻大辱"，达利并不恶意攻击。他只是以一种不容置疑的口吻反驳道："最后的一位天才建筑师名叫高迪，他的名字在加泰罗尼亚语中是'享乐'之意，而达利则意味着'欲望'。"他还解释道："高迪重新创造出统治地中海一带的天主教和哥特式风格，并将它们发展到极致，享乐和欲望便是它们的特性。"这其实是对高迪作品的另外一种理解，这种理解，神圣家族大教堂的最后一位建造者一定深有体会，弗朗西斯科·普约尔（1882—1962）也已在其1927年的《高迪的艺术和宗教观》中详细阐述过。

　　不管人们赞同与否，超现实主义对于高迪作品的论述都有助于理解超现实主义运动本身，这一点是确定无疑的。

罗贝尔·德夏尔内合成制作的照片，他把平躺在克鲁斯海角的达利和神圣家族大教堂的耶稣诞生门上的一处雕塑结合在一起。

它也有助于我们理解，为何现代建筑学的专家们直到 20 世纪 50 年代依然无法给高迪的建筑找到一个合适的定位，依然无法将其纳入一般建筑学，特别是新艺术的历史中去。其作品具有深刻的独创性，让人很难把握。简单的办法便是遮住它们的光芒，并把它们说成是一位有宗教幻象者的作品，或者是另一位邮差薛瓦勒的作品。

——菲利普·蒂博，2001 年

用图片来评说的人：克洛维斯·普雷沃

克洛维斯·普雷沃，集作家、摄影师及电影家于一身，其摄影作品享誉全球，30年来不断展出于塞莱（Céret）、亚眠（Amiens）、巴伦西亚、东京、大阪、京都、蒙特利尔及巴黎等地。它们虽无悠久的历史，但所到之处，却一直吸引着人们的注意力，不失为高迪研究领域的一朵奇葩。

1969年，洛桑的艾迪塔（Edita）出版社发行了精装版的《充满幻想的建筑师——高迪的艺术和宗教观》，在随后的几年中，此书相继被译为加泰罗尼亚语、西班牙语、英语及日语，并于1982年再版。但凡熟悉高迪研究的人，一看到这个书名，就会立刻想起发表于高迪去世后不久的一篇文章，即弗朗西斯科·普约尔（1882—1926）于1927年撰写的那篇评论。然而，二者尽管题目相似，但并不存在剽窃的行为，因为它们在内容上毫无雷同之处。普约尔的文章由萨尔瓦多·达利首先译成法文。同样，达利也为德夏内尔和克洛维斯的新书作序。此书中有许多占据两整页版面的精美图片，它们都取材于神圣家族大教堂和米拉公寓。即便是在今日，只要我们一打开书页，就会被它们深深地吸引住。图片的作者是克洛维斯，其实它们先于这本书而问世。它们可不是哪位编辑随意为某篇文章找来的"插图"，而是一位年轻人自然而然的劳动果实。它们拍摄于1962年至1966年间。

1962年，年仅21岁的克洛维斯·普雷沃在一次外出旅行中初次见识了高迪的作品。当时他已在巴黎的国家工艺美术学校学习了两年建筑学。他所在的是具有开放精神的"埃尔贝－阿尔贝尔－

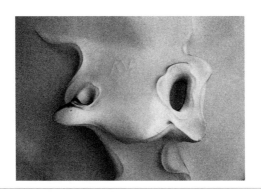

普鲁韦"工作室，在那里，人们对高迪并不陌生。后来，他用获得的奖学金购置了一台莱卡（Leica）相机。用这台相机，他从巴塞罗那拍摄回来了自己的第一组照片，并在冲印时对它们进行了艺术加工。克洛维斯的同学们对这些照片产生了浓厚的兴趣。于是他决定将它们编成小册子，出售给同学们。这样他便获得了再次光顾加泰罗尼亚的旅费。后来，他拍摄了更多的照片，并编成了其他的影集。有一天，准确说是 1967 年 4 月 4 日的星期二，他在国家工艺美术学校的一位同学帕科·拉巴纳（Paco Rabanne）向达利展示了克洛维斯的摄影册子，随后克洛维斯便接到了达利打来的电话。达利告诉他，他将可以参加编写一部史上最佳的研究高迪的著作。当时，克洛维斯还以为是哪位同学在跟他开玩笑。其实不然，之后他便匆匆赶往莫里斯酒店。两年后，这一著作终于问世。在这两年间，克洛维斯与克洛德·朗芳－普雷沃（Claude Lenfant-Prévost）一同进行了肖像画方面的研究，也从事了制作模型和文字编辑的工作。

当被问及对高迪作品的第一反应时，克洛维斯·普雷沃回答说自己惊异于高迪作品的"催眠功能"。这种功能既表现在外，虽然当时的建筑并没有现代建筑这样光彩夺目的外表；也表现在内，而且表现得相当明显。他还回忆到米拉公寓中的小客厅：夜晚，外面的灯光照射进来，锻铁阳台的诡秘身影与旋涡形天花板上的波纹交汇在一起，竟营造出一片无法描绘的独特天地来。因此，摄影就成了他接近并分析这些奇特形态的最佳途径。此外，他还想要在以后的某部电影中向世人展现高迪的艺术。1970 年时他实现了这个愿望，当时他担任艾梅·麦格特（Aimé Maeght）所创立的电影公司的负责人。他声称正是有往日对高迪作品的孜孜探索，再加上自学，方能有其今日的集作家、摄影师和电影家于一身的成就。但是，他也坚持认为自己对加泰罗尼亚精神的认识也要得益于该地的其他几位艺术家，他们是：胡安·普拉特（Joan Prats）、胡安·布罗萨（Joan Brossa）和塔皮（Tápies）。

至于如何评价高迪，克洛维斯这样说道："高迪的艺术作品有容纳百川的气度，它涵盖了许许多多部分，然而每一部分又与其他部分相互共鸣。"

从总体上看，这种繁殖的幻象便是高迪作品的本质，它将生命的欲望呈现出来，自己也源自于这种欲望。

高迪成功地赋予静物以动感，赋予物质以精神，不愧是一位展现生命的艺术家。

这些图片是一场梦境深处的景致，是一次邂逅的精彩瞬间。摄影师发现并捕捉到的每一种形态都引来目光流连，成为想象的栖息之所。

摄影师是用心感觉。他展现各种变化，深入表面现象的本质，使视觉变得强烈。

第 102—103 页为"仁慈之门上伯利恒的繁星之夜"（摄于神圣家族大教堂，1963 年）。本页图片则从神圣家族大教堂的另一个角度拍摄。

两幅图片并置，这给观者的感觉与它们本身毫无关系。图片的排列组合在这些纷繁而连续的画面之间形成了一张网，一张充盈着联系和冲突的网：如果说这些画面具有同步性，那是因为在各种不同的角度反复出现同样的主题；如果说它们具有节律性和局部性，是因为图片被孤立开或是形成了对称；而要说到它们的融合性，则是因为这两张并列的图片汇聚了散布于时空之中的诸多图案。

有时候，整个画面从中间分裂开来，从而展现出完美的对称感。摄影师的技艺如此精湛，清晨和夜晚的光影被均匀地显现出来。两张图片都飘浮在夜色当中，这黑夜可绝不是空洞和虚无的颜色，它是充满活力的色彩，是梦幻的源泉。

——相关资料由菲利普·蒂博搜集。
2001 年

一位狂热的收藏家：佩德罗·于哈特

佩德罗·于哈特（Pedro Uhart）于 1938 年出生于智利的康塞普西翁（Concepción），被认为是最重要的高迪作品私人收藏家之一。他在从事绘画艺术的同时也研习法律，并于 1962 年离开智利，后定居欧洲。从 1971 年起，他开始专门在无印花的绒毯上作画，称之为"飘动壁画"，并在街道和公园等公众场合展示其作品。这些作品中有一件取名为《一九七三年九月十一日》，以智利政变及总统萨尔瓦多·阿连德（Salvador Allende）被暗杀为主题，曾展出于巴黎每两年一度的展览会上。其他作品也多次于伦敦或纽约展出。从 1976 年起，佩德罗·于哈特开始致力于对彩色照片复制和光振片的研究。1977 年至今，他定期在欧洲和美国进行展览。

您发现高迪作品时的情形是怎样的？

我和一位委内瑞拉的画家朋友决定于 1965 年去西班牙度假。第一个关键的阶段是在巴塞罗那。站在高迪的建筑面前，我们立即被一种强烈的情感所左右。我想要更深地了解他的作品，于是决定要尽早回到这里来。

书籍在我的调查中起到了重要的作用。我得到过一本 1928 年版的何塞·拉佛尔（José Ráfols）的著作。在书中，我初次见识了一些高迪设计的家具和艺术品。这些古籍对我的收藏帮助很大。和我一样，巴塞罗那各家艺术博物馆的总负责人胡安·爱努·德·拉萨尔特（Joan Ainaud de Lasarte，1919—1995）也从这些古书中获益不少。他于 1948 年至 1985 年期间在职，是举办加泰罗尼亚新艺术展览的第一人，并且将加斯帕尔·霍马尔（Gaspar Homar）、胡安·布斯盖和

佩德罗·于哈特站在达利身旁，达利头上戴的是一件高迪设计的饰物。

路易斯·马萨雷拉（Lluís Masriera）等现代主义艺术家们最早期的作品引入现代艺术博物馆。1964 年举办了巴塞罗那的现代主义奢侈艺术展览会，在展览

品目录的序言中，拉萨尔特说道："我感觉自己就像是一位按图索骥的侦探，西里西·佩利塞（Cirici Pellicer）的书图文并茂，它就是我的藏宝图（他指的是 1951 年出版的《加泰罗尼亚的现代主义艺术》）；虽然各地都有专门的保管员，但我们发现大量的艺术品已遗失或遭损坏，这是始料未及的。以米拉公寓为例，最初家具很多，充盈着整座公寓，但是到对公寓的装潢进行彻底修复时，却只剩下朗贝尔·埃斯加雷（Lambert Escaler）的两件陶土饰物。遗憾的是高迪与此次展览会无缘。"直到 1969 年，在马德里举行的一场展览中才有高迪的作品出现。这场展览名为"西班牙的现代主义"，此次参展的主要是米拉公寓的家具和锻铁物件，还有高迪其他一些作品的照片。

那个时代的人们对高迪的作品是何种态度？

可以说当时大部分人对高迪的作品都非常冷淡，这是加泰罗尼亚新艺术运动的后遗症。这一新艺术运动是反对现代主义的，其拥护者尤亨尼奥·德奥尔斯等人一直未曾停止诋毁高迪的作品，甚至要求将它们全部销毁。那时候发表的文章产生了严重的恶果，影响了整整一代人，其中也包括高迪的弟子们。虽然他们在高迪职业生涯的晚期一直在其身边，但也未能避免被当时的观点所左右。然而支持高迪的声音又

在何处呢？他实在是太孤独了。达利则无疑是第一位欣赏他，并坚决地支持他的加泰罗尼亚艺术家。达利认为是弗德里戈·加西亚·洛尔加（Federico García Lorca）指引他发现了神圣家族大教堂的美丽，他重述自己站在"耶稣诞生"立面前的话语道："我听见一阵嘈杂的声音，它愈来愈尖，刺向天穹而去，直到与天使的小号声交织在一起，形成一片喧嚣，只片刻，我便抵挡不住了。"

古埃尔宫中锻铁质地的花几（佩德罗·于哈特藏品）。

1956 年，"高迪大讲堂"在巴塞罗那高等建筑学校成立。它最早开设了关于高迪的课程，此后相关的文章层出不穷，展览品的供应也得到了保障，1967 年举行的高迪展览会便得益于此。到 20 世纪 70 年代末时，虽然高迪的地位已在国际范围内得到了认可，但在巴塞罗那却依然无人了解，人们觉得他一半是疯子，一半是天才。他建造的那些房子都盖着一层神秘的面纱，旁人轻易不得进入，倒像是被遗弃了一般。古埃尔公园的瓷质长椅上已经积满了污垢。唯一有活力的就是神圣家族大教堂，它一直在被缓慢地建造着。

我所获得的大部分木器工艺品和其他艺术品都已经长年得不到保养。我时常需要将它们维修一番，以免造成无法挽回的损失：巴特罗公寓的私人小教堂和餐厅的各扇大门便是如此，出自米拉公寓的大部分家具和装饰品也属此例。

在您的研究过程中，有没有遇到过一些与高迪相识的人？

我曾有幸结识了几位高迪的赞助商的后人，他们向我提供了不少消息。我从何塞·巴特罗的一位后人那里得知，在西班牙内战期间，巴特罗家族曾逃离巴塞罗那并避难于意大利。尽管窗户的防护板非常坚实，却还是有一些人闯进了公寓并抢走了一部分家具。他还告诉我，阳台上面罩形栏杆的内表面有一层镀金，这样就更加增添了公寓正面

的光彩。古埃尔家族的一位成员向我透露，曾经有一位美国人想要买下古埃尔宫，然后将它拆卸成若干部分，并一件一件地运往美利坚。但是，梅塞德斯夫人（Dona Mercedes），也就是古埃尔公爵之女，还是宁愿古埃尔宫完好地保留在巴塞罗那。然而由家庭成员保存的家具，却分给了各位继承人。此外，他还向我展示了餐厅中的一座大型屏风和客厅中的两把大扶手椅，屏风是科尔多瓦皮质的，扶手椅则由实心的桃花心木制成，并加工有金边螺纹。他又告诉我，因为孩子们总是跳上那两把扶手椅，这样渐渐把椅子上的皮垫损坏了，所以他的父亲便揭去了皮垫。当我买下这一套时，他还送给我一组古埃尔宫的雕版画和那两把扶手椅上的科尔多瓦皮垫的修复资料。雕版画是 1910 年巴黎举办高迪展览会时古埃尔伯爵定做的，为的是为高迪的展品增光添彩。除了这些人外，还有其他的例子。有一次，在卡尔维的一位曾孙女家中，她突然打开一扇门，我便惊奇地看到了一些出自雕刻家约瑟夫·利莫纳之手的绘画，以及胡安·布斯盖打造的包金木质家具。此外，那儿还有高迪设计的路易十五时期风格的餐厅家具，恩里克·卡萨尔内（Enrique Casanelles）曾在其 1965 年出版的著作中提及这套家具。

一段时间以来，某些艺术史学家认为年轻的于约尔在与高迪合作的那些年中起着主要作用。对于这个问题，您有什么看法？

的确，有一些研究人员掀起了这场关于高迪和于约尔之间主次关系的争论，并不断为它提供着新的素材。在我看来，所有有关于约尔的新书、新文章和新的说明都夸大了他在高迪的各项工程中所起的作用。我认为于约尔的建筑和高迪的作品相比，明显不具备后者那样宏大的规模和超凡的气势。有人认为巴特罗公寓的瓷砖立面和浇铸阳台皆出自于约尔之手，而高迪只是在1904年

至1906年间进行了改造。我认为这不大现实，因为于约尔在1906年才获得建筑学文凭，并且直到这一年的年末，高迪才选他做合作者。当时，高迪54岁，于约尔27岁。实在无法让人想象立面色彩的协调问题是由这位大学生独自一人决断的。可别忘了，从高迪设计的第一座大型建筑古埃尔宫起，从20世纪20年代前到巴特罗公寓竣工之时，高迪一直发挥着其超凡的想象，设计出了主楼层的抽象派玻璃彩绘及烟囱和通风口上的碎瓷铺面，这些无不向世人展现着一种色彩在建筑上的效用，而这种效用是以前从未出现过的。并且上述设计在

约瑟夫·玛丽亚·于约尔1928年时为蒙塞拉山上的圣母教堂绘制的草图，该教堂与蒙费里山（Montferri）齐高，位于塔拉戈纳省境内。将近1930年时，该教堂的建造被中断。

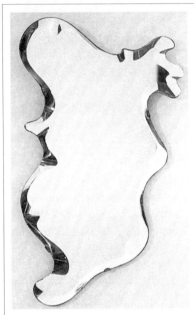

上图的镜子和右图的烫金木壁钟皆出自米拉公寓（佩德罗·于哈特藏品）。

古埃尔公园、巴特罗公寓、米拉公寓、神圣家族大教堂和古埃尔住宅区的小教堂中都有体现。另外，还有一位名叫拉蒙·德多（Ramon Dedeu）的工匠给我们提供了相关的情况。他向我们描述了巴特罗公寓立面的铺砌工程是如何在高迪一个人的指挥下完成的。但米拉公寓的天花板则着实出自于约尔之手。他还讲述了高迪是怎样运用一块金属画布在这些天花板上印刻出浮雕来的，那飘逸的图案就好比是天空中的浮云。当谈到房主住房的布局时，他禁不住赞叹道："我不知道该怎么说，但是所有的家具

和饰物上都留下了高迪的印记。"

对于于约尔设计的家具，我有一些看法。1911 年，他接受了马纳卡（Manach）商店的装潢工程。他在那儿设计了一张柜台、几件陈列商品的家具和几张供顾客使用的座椅。这一套家具我很熟悉，几年前曾仔细端详过。椅子是木材和锻铁质地的，有三只脚，它们由一道铁环焊接固定，相当坚实。于约尔的档案中有一张老照片，上面有这几把椅子，但是都没有上面说到的那道环。这说明，这个 8 字形铁环是后来才加上去的。椅子的前腿本来用一块夹板和几个螺丝固定在椅身上，可是不久便报废了，于约尔便补加上了这道铁环。这个实例能说明于约尔并不擅长木器工艺。另外，椅座也很不舒适。

我们无从知晓高迪的意图，但他一定从未忘记考虑产品的舒适性和耐用性，其木器作品也证实着这一点。现在，我们有必要重温"高迪研究会"的第一书记卡萨内尔的一句话，他在其《高迪新评论》（1965 年出版）中说道："于约尔在高迪的监督下所完成的着色，绝无其个人作品中存在的那些缺陷。"

在您看来，高迪对 20 世纪的艺术创作有无影响？

1958 年 12 月，《桑阿玛丹期刊》（Los Papeles de son armadans）发行了高迪纪念特刊。其封面采用的是一张米罗的石版画，当时的众多名人也欣然执

笔著文，其中有恩里克·卡萨内尔、阿佐林、本杰明·帕朗西亚、拉蒙·戈麦斯、埃杜瓦尔多·韦斯特达尔、安托尼·凯利甘、C. L. 波波维奇和费尔南多·许埃加·瓜蒂亚等人。有一篇文章题为《高迪的多形态主义》，作者系都灵建筑师兼画家阿尔贝托·萨托里斯（Alberto Sartoris），在文章的末尾，作者写道："世人谈论毕加索太多，却冷落了高迪。"有一个事实不应忽略，当毕加索居住在巴塞罗那时，他在古埃尔宫对面有一间画室。所以他很有可能从那儿看到了高迪的立体派玻璃彩绘和抽象派瓷砖铺面。米罗一直都对高迪景仰有加。年轻时，他便目睹了高迪修复马略卡岛上帕尔玛大教堂的工程；数年后，他又见识了高迪的全部作品，并且对古埃尔宫情有独钟。古埃尔公园中那张著名的碎瓷彩釉长凳不是曾被看作一件米罗的未定型的作品吗？还有，和米罗同为巴塞罗那人的朱利奥·冈萨雷斯（Julio Gonzales）和另一位雕塑家巴勃罗·加尔加洛（Pablo Gargallo）运用锻铁材料的方式与高迪极其相似。尼基·德·圣法尔（Niki de Saint-Phalle）则更是将高迪尊为己师。1980 年，她在托斯卡纳完成了自己的《塔罗牌花园》，这组作品由 22 个大型的雕塑组成，这又是一次对古埃尔公园的热情赞颂。1975 年，我曾到纽约的华盛顿广场展出一幅名为《战争史话》的"飘动壁画"，该作品以越南战争为主题。在那

儿我结识了一位当地的艺术家，并与他谈论了许多关于高迪的话题。当时他对高迪的碎瓷彩釉艺术产生了浓厚的兴趣。后来，他凭借那些粘有瓷盘碎片的大幅油画而一举成名。这个人就是朱丽安·施内贝尔（Julian Schnabel）。

——《与菲利普·蒂博对谈录》，2001 年

高迪现存作品年表及其所在地

- 1877—1882 年，休达德拉公园，巴塞罗那，与封斯雷合作建造。
- 1883—1888 年，文森之家，巴塞罗那。
- 1883—1885 年，随性居，科米亚斯。
- 1884—1887 年，古埃尔庄园，巴塞罗那，佩德拉勃（Pedralbes）大道。
- 1884—1926 年，神圣家族大教堂，高迪广场，巴塞罗那。
- 1886—1889 年，古埃尔宫，兰布拉大街，巴塞罗那。
- 1887—1894 年，阿斯托加主教宫，莱昂。
- 1888—1890 年，圣女特蕾莎教会学校，巴塞罗那，冈杜克赛（Ganduxer）街。
- 1891—1894 年，费尔南德兹和安德鲁的公寓，称为罗斯·波蒂内公寓，莱昂。
- 1898—1904 年，卡尔维公寓，巴塞罗那，加斯普（Casp）街。
- 1898—1915 年，古埃尔住宅区教堂的地下室，巴塞罗那，圣·科洛纳·德·塞尔维罗。
- 1900—1902 年，"贝莱加尔"楼，贝莱加尔街，巴塞罗那。
- 1900—1914 年，古埃尔公园，芒坦亚·培拉达，巴塞罗那。
- 1901—1902 年，建于米拉莱斯（Miralles）地产的门和栅栏，巴塞罗那，曼努埃尔·基隆（Manuel Girons）大道。
- 1903—1914 年，修复马略卡岛上的帕尔玛大教堂。
- 1904—1906 年，巴特罗公寓，巴塞罗那，格斯雅大道。
- 1906—1910 年，米拉公寓，也称"采石场"，巴塞罗那，格斯雅大道。
- 1909—1910 年，神圣家族大教堂的校舍。

参考书目

OUVRAGES ET CATALOGUES D'EXPOSITIONS SUR GAUDÍ

- Francesc Pujols, *La Visió artistica i religiosa d'En Gaudí*, Barcelone, Catalonia, 1927.
- José F. Ráfols et Francisco Folguera, *Gaudí, el gran arquitecto español*, Barcelone, Canosa, 1929 (rééd. Barcelone, Aedos, 1952 et 1960).
- Juan Eduardo Cirlot, *El Arte de Gaudí*, Barcelone, Omega, 1950.
- César Martinell, *Conversaciones con Gaudí*, Barcelone, Aymá, 1952.
- Juan Bergós, *Gaudí L'home i l'obra*, Barcelone, Ariel, 1954 (rééd., 1974).
- *Gaudí*, New York, The Museum of Modern Art, 1957, catalogue par Henry-Russell Hitchcock.
- George R. Collins, *Antonio Gaudí*, New York, George Braziller, 1960.
- Enrique Casanelles, *Nueva Visión de Gaudí*, Barcelone, La Poligrafa, 1965 (édition anglaise, Greenwich, 1968).
- César Martinell, *Gaudí. Su vida, su teoria, su obra*, Barcelone, Comisión de Cultura, 1967 (édition anglaise, Barcelone, 1975).
- Robert Descharnes et Clovis Prévost, *La Vision artistique et religieuse de Gaudí*, suivi de *La Visió artistica i religiosa d'En Gaudí*, préface de Salvador Dali, Lausanne, Edita, 1969.
- Pionniers du XXᵉ siècle 2. *Gaudí*, catalogue d'exposition, Paris, Musée des Arts décoratifs, 1971.
- Riccardo Dalisi, *Gaudí, mobili e oggetti*, Milan, Electa, 1979.
- Isidre Puig Boada, *El Pensament de Gaudí*,

Barcelone, 1981.
– *Antoni Gaudí (1852-1926)*, catalogue d'exposition, Barcelone, Caixa de Pensions, 1985.
– Joan Bassegoda i Nonell, *Gaudí*, Barcelone, Nou Art Thor, 1986.
– Xavier Güell, *Guide Gaudí. L'exaltation de Barcelone*, Paris, Hazan, 1991.
– Juan-José Lahuerta, *Antoní Gaudí. Architecture, idéologie et politique*, Paris, Gallimard, 1992.
– Joan Bergós, *Gaudí. L'homme et son œuvre*, Paris, Flammarion, 1999.
– *Gaudí. Art and design*, catalogue d'exposition, Barcelone, Fundació Caixa Catalunya, 2002.

OUVRAGES SUR LE MODERNISME
– José F. Ráfols, *Modernismo y modernistas*, Barcelone, Destino, 1949 (rééd. 1982).
– Alexandre Cirici Pellicer, *El Arte modernista catalán*, Barcelone, Aymá, 1951 (rééd. 1974).
– Mireia Freixa, *El Modernismo en España*, Madrid, Cátedra, 1986.
– *El Modernismo*, catalogue d'exposition, Barcelone, Museu d'Art Modern, 1990-1991.
– François Loyer, *L'Art nouveau en Catalogne*, Genève, Le Septième Fou, 1991.

图片目录

卷首

第一章

第五章

见证与文献

的地质装饰和萨尔瓦多·达利拼接在一起。

第 101 页　米拉公寓的天花板，克洛维斯·普雷沃于 1963 年拍摄。

第 102—103 页　神圣家族大教堂的仁慈之门，克洛维斯·普雷沃于 1963 年拍摄。

第 105 页　神圣家族大教堂线脚元素，克洛维斯·普雷沃于 1963 年拍摄。

第 106 页　萨尔瓦多·达利和于哈特。

第 107 页　出自古埃尔宫的花几，于哈特藏品。

第 109 页　蒙塞拉山上的圣母教堂的草图，于约尔于 1928 年绘制。

第 110 页　高迪设计的镜子，于哈特藏品。

第 111 页　高迪设计的壁钟，于哈特藏品。

第 113 页　古埃尔宫内的客厅。

第 116 页　高迪漫画像。

第 117 页　米拉公寓露台。

图片授权

（页码为原版书页码）

Archives Gallimard 42h. Archivos del Templo de la Sagrada Familia, Barcelone 23, 80, 93b. Photo Robert Descharnes Descharnes&Descharnes/daliphoto. com 108. DR 31, 37, 38-39, 51, 55b, 56, 60, 63b, 66b, 74h, 76h, 83, 92-93, 103h, 123, 125, 127, 128. Arnaud Février/Gallimard dos, 16, 40, 58, 59, 62b, 64-65b. FMR/Listri 55h, 73b, 119.© Fondation Le Corbusier-Adagp, Paris 2001 103b. Instituto Amatller de Arte Hispanico/Arxiu Mas, Barcelone 11, 14, 14-15, 22-23, 24h, 27, 52h, 52b, 70, 72h. Bernard Ladoux, Paris 53h, 53b, 54, 71. Oronoz, Madrid 6-7, 17, 18, 25, 28h, 28b, 29, 32, 33, 38, 41, 42-43, 44, 46, 47, 48, 49, 50, 57, 69, 79. Clovis Prévost, Paris 1er et 2e plats de couverture, 1, 2-3, 9, 24, 30-31, 34, 35, 36, 45, 60b, 61, 62-63, 64h, 66h, 67, 74b, 76b, 77, 78, 80h, 82g, 82d, 83, 84, 84-85, 86-87, 88-89, 90, 91h, 91b, 94h, 94b, 95, 96, 97, 99, 105, 107, 111, 112-113, 114-115, 119. RMN, Paris 22b. Roger Viollet, Paris 10, 12, 26, 42b. Pedro Uhart, Paris 4-5, 19, 68, 75, 116, 117, 120, 121.© Salvador Dalí-Adagp, Paris 2001 106.

致谢

L'auteur adresse ses remerciements à Marie-Laure Crosnier Leconte, Caroline Mathieu, Frédéric Morvan, Clovis Prévost, Anne Soto, Pedro et Kiki Uhart.

L'éditeur remercie tout particulièrement Clovis Prévost et Pedro Uhart pour leur aide précieuse.

原版出版信息

DÉCOUVERTES GALLIMARD
COLLECTION CONÇUE PAR Pierre Marchand.
DIRECTION Elisabeth de Farcy.
COORDINATION ÉDITORIALE Anne Lemaire.
GRAPHISME Alain Gouessant.
COORDINATION ICONOGRAPHIQUE Isabelle de Latour.
SUIVI DE PRODUCTION Géraldine Blanc.
SUIVI DE PARTENARIAT Madeleine Giai-Levra.
RESPONSABLE COMMUNICATION ET PRESSE Valérie Tolstoï.
PRESSE David Ducreux.

GAUDÍ BÂTISSEUR VISIONNAIRE
ÉDITION Frédéric Morvan.
ICONOGRAPHIE Anne Soto.
MAQUETTE ET MONTAGE Valentina Lepore.
LECTURE-CORRECTION Jocelyne Moussart et Catherine Lévine.
PHOTOGRAVURE Turquoise.

图书在版编目（CIP）数据

高迪：富于幻想的建筑师 / （法）菲利普·蒂博
（Philippe Thiébaut）著；田妮娜，吉春译. — 北京：
北京出版社，2024.5
　　ISBN 978-7-200-16108-3

　　Ⅰ. ①高… Ⅱ. ①菲… ②田… ③吉… Ⅲ. ①高第（
Gaudi, Antoni 1852–1926）—传记 Ⅳ. ① K835.516.16

中国版本图书馆 CIP 数据核字（2021）第 009257 号

策 划 人：王忠波　向　雳　　**责任编辑**：王忠波　魏晋茹
特约编辑：崔钰琪　　　　　　　**责任营销**：猫　娘
责任印制：陈冬梅　　　　　　　**装帧设计**：吉　辰

高迪
富于幻想的建筑师
GAODI

[法]菲利普·蒂博　著　田妮娜　吉春　译

出　　版：北京出版集团
　　　　　北京出版社
地　　址：北京北三环中路 6 号　　邮编：100120
总 发 行：北京伦洋图书出版有限公司
印　　刷：北京华联印刷有限公司
经　　销：新华书店
开　　本：880 毫米 ×1230 毫米　1/32
印　　张：4.25
字　　数：110 千字
版　　次：2024 年 5 月第 1 版
印　　次：2024 年 5 月第 1 次印刷
书　　号：ISBN 978-7-200-16108-3
定　　价：68.00 元

如有印装质量问题，由本社负责调换
质量监督电话：010-58572393

著作权合同登记号：图字 01-2023-4214

Originally published in France as :

Gaudí：*Bâtisseur visionnaire* by Philippe Thiébaut

©Editions Gallimard, 2001

Current Chinese translation rights arranged through Divas International, Paris

巴黎迪法国际版权代理